Chapitre 1

TRIOMPHE EUROPÉEN

W0394007

Cristiano a déjà remporté tant de trophées au cours de sa carrière : une Liga, deux Coupes d'Espagne, trois Coupes d'Angleterre, trois Premier League, trois Ligue des champions, sans compter ses trois Ballons d'or ! Pourtant, il a toujours l'impression que ce n'est pas assez... Ce qui manque à son palmarès, c'est une victoire sur la scène internationale avec l'équipe du Portugal.

Le 10 juillet 2016, il n'est plus qu'à quatre-vingt-dix minutes de réaliser ce rêve. Grâce à son assurance inébranlable et à ses innombrables buts, Cristiano a mené son équipe de victoire en victoire, jusqu'à la finale de l'Euro 2016. Ce soir, c'est au Stade de France que le Portugal va affronter les Bleus sur leur propre terrain et

MATT ET TOM OLDFIELD

LES SUPERSTARS DU FOOT

RONALDO

L'ENFANT PRODIGE DE MADÈRE

Traduction de l'anglais (Royaume-Uni)
par Félix Huet

Albin Michel Jeunesse

Matt Oldfield est un écrivain confirmé,
ainsi que le rédacteur en chef du site de critique littéraire
sur le thème du football *Of Pitch & Page.*
Tom Oldfield est un journaliste sportif indépendant,
et l'auteur de biographies de Cristiano Ronaldo,
Arsène Wenger et Rafael Nadal.

Illustration de couverture réalisée par Alain Siauve.

Pour Noah et Nico,
les deux futurs buteurs de Southampton.

se mesurer à des joueurs exceptionnels, tels Paul Pogba, Kylian Mbappé et Antoine Griezmann.

Rares étaient ceux qui croyaient les Portugais capables d'aller aussi loin dans la compétition, mais ils ont avec eux Cristiano – l'un des meilleurs joueurs au monde –, qui est plus que jamais déterminé à gagner.

Après le discours du coach, Fernando Santos, dans les vestiaires, il est temps pour les joueurs les plus expérimentés de prendre la parole. D'abord Nani, puis Cristiano :

– On a tellement bien joué jusque-là ! les félicite le capitaine. Plus qu'une victoire, et on entre dans l'histoire ! On va rentrer chez nous en héros !

Toute l'équipe lui répond par une ovation. Ensemble, ils pourraient bien devenir champions d'Europe.

Pendant l'hymne national portugais, Cristiano se tient debout, les yeux fermés. Il ne marmonne pas les paroles, non ; il les chante à tue-tête ! Il aime son pays du fond de son cœur, et il veut faire honneur à ses compatriotes sur le terrain.

Après sept minutes de jeu, Cristiano récupère la balle, quelques mètres au-delà de la ligne médiane, dans la moitié de terrain française. Alors qu'il se tourne pour se mettre face au but, Dimitri Payet le percute. Faute ! Le jeu continue, mais Cristiano, à terre, ne se relève pas. Il se tient le genou en hurlant de douleur.

Aïïïe !

La douleur le fait grimacer. Les soigneurs vaporisent un antiseptique sur la plaie et appliquent une poche de glace sur son genou. La blessure n'est pas jolie. Cristiano porte les mains à son visage pour dissimuler ses larmes.

Dimitri vient le voir pour s'excuser de son tacle maladroit, mais Cristiano est trop furieux pour répondre. Finalement, il parvient à se relever, et quitte le terrain en boitant. Sur la ligne de touche, il s'étire pour évaluer l'état de sa jambe. Il souffre, mais il ne veut pas laisser sa place.

– Tu es sûr ? s'inquiète João Mário en le voyant revenir sur le terrain.

– Il faut au moins que j'essaie ! insiste Cristiano.

Mais, une minute plus tard, il s'effondre à nouveau. Alors que son grand jour était enfin arrivé, Cristiano a tellement mal qu'il ne peut continuer. Il secoue la tête, incrédule après un tel coup du sort.

– Demande à sortir, lui glisse Nani à l'oreille en le

serrant chaleureusement dans ses bras. Je te promets qu'on va te faire honneur, capitaine !

Pourtant, Cristiano n'est pas encore prêt à lâcher l'affaire. Dès que les médecins ont fini de lui bander le genou, il revient à la charge. Mais après quelques foulées, il doit se rendre à l'évidence : il ne peut plus jouer. Résigné, il fait signe aux remplaçants.

– Il faut que quelqu'un prenne ma place.

D'un geste, il arrache son brassard de capitaine, puis l'attache au bras de Nani.

– Il est à toi. Maintenant, gagne-nous cette finale !

– On va la gagner pour toi ! lui lance Pepe.

Tandis qu'on l'évacue sur un brancard, Cristiano ne peut rien faire d'autre que de pleurer toutes les larmes de son corps. Le match le plus important de sa vie est terminé pour lui, avant même d'avoir réellement commencé.

À la mi-temps, le score est de 0-0, et Cristiano attend ses camarades dans les vestiaires, pour les encourager.

– Ne vous dispersez pas et continuez de vous battre à fond ! leur recommande-t-il.

Tout au long de la seconde mi-temps, il les observe depuis le banc, en se rongeant les ongles jusqu'au sang.

Dans son esprit, il s'imagine frapper tous les ballons de son équipe. À chaque fois que le Portugal est sur le point de marquer, il se lève, prêt à célébrer le but. Lorsque Éder, l'attaquant, est appelé pour remplacer Sanches, Cristiano le regarde droit dans les yeux et lui dit :

– Sois fort. C'est toi qui vas marquer le but décisif.

Pourtant, à la fin des quatre-vingt-dix minutes, le score est toujours vierge. Cristiano va voir ses camarades, épuisés, pour tenter de leur remonter le moral. C'est dur, pour lui, de ne pas pouvoir participer à cette finale, mais il compte bien apporter sa pierre à l'édifice.

À la cent neuvième minute, Éder récupère la balle, se débarrasse du défenseur français qui lui barrait la route, puis, d'un tir fulgurant, expédie le ballon dans l'angle inférieur de la cage adverse.

Buuuuuuuuuuuuuuuuuuuuuuuuuuuuuuuuuuuuuuuuuuuuut !!!

Cristiano est ivre de joie ; au milieu de l'équipe portugaise en pleine célébration, il lève les bras au ciel en sautant sur place. La victoire est si proche, à présent !

Pendant les dix dernières minutes, il se tient aux côtés de Santos, tel un deuxième entraîneur, et boitille le long de la ligne de touche en hurlant des instructions à ses coéquipiers : « Accélère ! », « Reviens en défense ! », « Calme le jeu ! ».

Lorsque le dernier coup de sifflet retentit, Ronaldo laisse échapper un cri de victoire tonitruant. Ses joues sont à nouveau baignées de larmes, mais celles-ci sont des larmes d'émotion. L'un après l'autre, il étreint ses camarades et les remercie chaleureusement.

– Merci *à toi* ! réplique Éder. Sans toi, je n'aurais jamais marqué ce but !

– Je t'avais bien dit qu'on y arriverait ! s'esclaffe Pepe.

Au comble du bonheur, Cristiano arrache son maillot et le lance dans la foule en délire. Il faut attendre qu'on lui en apporte un autre pour qu'il puisse accomplir son devoir de capitaine : soulever le trophée de l'Euro 2016 !

Il gravit lentement les marches des tribunes, en saluant au passage les fans et en claquant la paume de sa main contre les leurs. Le trophée qu'on lui remet est orné de rubans verts et rouges, les couleurs du drapeau portugais. Cristiano le soulève au-dessus de sa tête, sous les hourras de son équipe. Après avoir embrassé la coupe, il la passe aux autres. Aucun mot ne pourrait suffire à décrire la joie qui l'envahit à cet instant.

Car si c'est avec Manchester United et le Real Madrid qu'il a atteint le statut de superstar, Cristiano n'a pas oublié que son incroyable ascension jusqu'au sommet de la planète football a débuté au Portugal, sur l'île de Madère, d'où il est originaire. D'une certaine façon, cette victoire à l'Euro 2016 est une façon pour lui de remercier son pays pour toutes ces années de jeunesse, même si elles n'ont pas toujours été faciles.

Mais après tout, si sa vie avait commencé dans de meilleures conditions, peut-être Cristiano n'aurait-il pas eu cette insatiable soif de victoire. Et sans ce désir brûlant d'être le meilleur, peut-être son don particulier ne l'aurait-il jamais propulsé jusqu'à la gloire.

Chapitre 2

DOLORES ET DINIS

– Nous allons avoir un autre enfant ? répète Dolores après que le médecin lui a annoncé la nouvelle.

Le choc est tel qu'elle a besoin qu'on lui confirme ce qu'elle vient d'entendre.

– Vous êtes sûr ? Je n'arrive pas à y croire !

Dolores et José Dinis Aveiro ont déjà trois enfants – deux filles, Elma et Katia, et un fils, Hugo. Cela fait huit ans que Katia, la dernière, est née. Un quatrième enfant, c'est donc une vraie surprise.

– Oui, aucun doute, répond le médecin. Ce nouveau venu va apporter beaucoup de bonheur à votre foyer !

Dolores aime ses enfants, c'est évident, mais elle se fait tout de même du souci. Sur l'île portugaise de Madère, la vie est rude. Le climat a beau être doux, nombre de ses habitants se sentent au bout du rouleau ; le chômage touche une grande partie de la population, en particulier dans la zone de Funchal, où la famille réside. Certes, il y a le tourisme, mais les riches étrangers ne sortent quasiment pas de leurs luxueux hôtels du bord de mer et ne consomment pas dans les commerces locaux.

Pour gagner un peu d'argent, Dolores travaille d'arrache-pied à tisser des paniers en osier, qu'ensuite elle vend. Quant à Dinis, depuis qu'il est revenu de son service militaire, il n'arrive pas à trouver un emploi correct. Certains jours, ils doivent se contenter de pain et de soupe, et voilà qu'ils vont bientôt avoir une bouche de plus à nourrir !

– Mais qu'est-ce qu'on va faire, Dinis ? demande Dolores à son époux, une fois de retour à la maison.

Elle est en larmes, de bonheur et d'angoisse mêlés.

L'espace aussi risque de poser problème. Actuellement, toute la famille est hébergée par les parents de Dinis. Sans argent, impossible de louer leur propre chez-eux ! Un enfant de plus signifie qu'ils vont se retrouver à huit sous le même toit…

– Il va simplement falloir faire de notre mieux, répond Dinis.

Dolores hoche la tête. La vie de leur quatrième enfant ne va pas débuter dans des conditions idéales, mais elle est déterminée à faire tout son possible pour s'assurer que leur famille échappe à la pauvreté qui accable Madère. C'est une femme forte, et elle compte bien transmettre sa volonté à toute épreuve à son futur enfant.

Quand les parents ont appris que ce serait un garçon, la sœur de Dolores a proposé le prénom « Cristiano », qui leur a tout de suite plu. Comme deuxième prénom, Dolores a choisi celui de l'acteur et président des États-Unis d'Amérique, Ronald Reagan.

– C'est un bon prénom. Celui d'un homme honorable et prospère, a-t-elle expliqué à sa famille.

Tout le monde était d'accord.

Cristiano Ronaldo dos Santos Aveiro.

À la naissance, le petit garçon a déjà une belle taille. En le déposant dans son berceau, le médecin laisse échapper un rire.

– C'est très bon signe, déclare-t-il. Massif comme il est, il pourrait bien devenir footballeur !

Dolores et Dinis sont tous les deux enchantés par cette idée. Dolores est une grande fan du Sporting Lisbonne, et son joueur favori est leur ailier vedette, Luís Figo. Dinis, lui, a joué au foot lorsqu'il était plus jeune et va très souvent regarder les matchs de l'équipe locale, Andorinha. Son ami, Fernando Sousa, le parrain de Cristiano, en est d'ailleurs le capitaine. Ils ont déjà des liens solides avec le monde du football.

– Espérons-le ! réplique Dinis avec un sourire.

Ce ne serait pas facile, mais pas impossible ! Les deux parents savent que rares sont les enfants suffisamment talentueux pour devenir des joueurs professionnels, mais ce pourrait être le moyen parfait pour leur fils de laisser derrière lui la pauvreté de Funchal et de se bâtir une nouvelle vie ailleurs.

Chapitre 3

FOOT DE RUE À FUNCHAL

– Katia, s'il te plaît, assure-toi que Cristiano fait ses devoirs après l'école ! crie Dolores en franchissant le pas de la porte pour se rendre à son travail, le matin. Il pourra aller jouer au foot après, mais seulement après !

Le conseil municipal a enfin pu fournir un domicile à la famille, dans le quartier de Quinta Falcão, l'un des plus pauvres de Funchal. Et même si cette maison aux murs nus est pleine de fuites, au moins, elle comporte trois chambres : une pour Dolores et Dinis, une pour Elma et Katia, et une pour Hugo et Cristiano.

– Enfin une vraie maison pour notre famille ! s'est exclamée Dolores avec joie, alors qu'ils étaient attablés tous ensemble pour partager leur premier dîner dans ce nouveau foyer.

Cependant, pour parvenir à payer le loyer, ils doivent tous travailler plus dur que jamais. Dolores a pris un nouvel emploi dans la cuisine d'un hôtel, Dinis travaille à l'Andorinha, et Elma et Hugo ont tous les deux dû cesser d'aller à l'école afin de gagner de l'argent pour la famille. Katia, qui n'a alors que quatorze ans, est obligée de s'occuper de son frère cadet, Cristiano. Et l'enfant a beau avoir un visage d'ange et un sourire innocent, il lui arrive d'être très turbulent.

– Dès que tu auras fini tes devoirs, tu pourras sortir jouer, lui rappelle-t-elle tandis qu'ils reviennent de l'école à pied. Je peux t'aider, mais il faut que tu les finisses avant de faire quoi que ce soit d'autre. D'accord ?

Cristiano acquiesce. Quand ils rentrent, il enlève son sac à dos, en sort ses cahiers et les pose sur la table de la cuisine. Katia monte à l'étage pour se changer, mais lorsqu'elle redescend, son frère a disparu.

– Cristiano ? appelle-t-elle, en se disant qu'il a dû aller aux toilettes.

Mais il n'est pas dans la salle de bains. Alors elle sort dans la rue.

– Cristiano ! Cristiano !

En vain. Le petit chenapan s'est enfui par la porte de derrière pour aller jouer au foot.

– Tu vas voir, quand maman apprendra ça ! grommelle Katia.

Les parcs sont peu nombreux à Quinta Falcão, surtout les grands espaces. À moins que Cristiano n'ait envie de marcher des kilomètres jusqu'à la plage la plus proche, le seul endroit où il peut jouer au football, c'est la rue. Les conditions sont loin d'être parfaites : la chaussée est gondolée, jalonnée d'obstacles en tout genre, et déformée par quantité de bosses et de nids-de-poule. Les enfants se servent de cailloux pour marquer les limites des cages et essaient de bloquer la circulation aussi longtemps que possible.

– Il y a une voiture qui arrive ! finit toujours par crier quelqu'un pour les prévenir.

Alors ils interrompent le match et déplacent rapidement les cailloux, puis, dès que le véhicule est passé, ils les replacent aussitôt et reprennent le jeu. Ce petit manège se poursuit jusqu'à ce que le coucher du soleil annonce l'heure du dîner. Quand ils n'arrivent pas à mettre la main sur un vrai ballon, ils jouent avec une bouteille en plastique ou une boule de papier. Rien ne peut les arrêter.

En fait, le seul point positif, avec ce premier « terrain » sur lequel Cristiano s'est entraîné, c'est que cet environnement lui a appris à maîtriser impeccablement la balle et à dribbler dans des espaces très réduits. Bien sûr, à cette époque, il fait déjà preuve d'un talent naturel incroyable ; quand il sprinte, ses jambes bougent à une telle vélocité qu'elles semblent floues, et la balle reste collée à son pied. C'est comme si Cristiano dansait avec elle tandis qu'il multiplie les passements de jambe et les tours de passe-passe pour déjouer les manœuvres de la défense adverse. En observant les garçons plus âgés qui jouent dans la rue, il assimile toutes leurs techniques, et rapidement.

De temps à autre, les gens du coin se réunissent pour les regarder, et Cristiano adore se donner en spectacle.

Waouh ! Olé !

Comme il est capable de shooter aussi bien du pied droit que du gauche, ses adversaires ne savent jamais de quel côté il va tirer. Son jeu préféré, c'est le tir au but, en un contre un. Quand il est en forme, personne n'arrive à le tacler. Assez vite, il commence à se faire connaître.

– Cristiano, tu es dans mon équipe !

– Hé ! C'est pas juste ! On a plus de joueurs, mais vous, vous avez Cristiano !

Cristiano adore le football, mais s'il y a bien quelque chose qu'il ne supporte pas, c'est de perdre. Même à l'âge de six ans, il ne considère pas la défaite comme une option. C'est l'enfant avec l'esprit de compétition le plus prononcé de tout Quinta Falcão, et c'est aussi grâce à ça qu'il gagne systématiquement.

– Ah non ! Là, il y avait but ! s'énerve-t-il, les bras levés en signe de protestation.

Il vient tout juste de dribbler trois défenseurs et d'envoyer une balle que le gardien adverse n'a pas su arrêter, mais sans vraie cage et sans arbitre, les points peuvent être le sujet de grosses disputes.

– Non, il est passé au-dessus de la barre transversale ! s'obstine Vítor, l'un des autres garçons.

Tous les joueurs acceptent le verdict, sauf Cristiano. Il veut son but ; en plus, celui-ci était excellent.

– Faux ! J'ai tiré à hauteur d'épaule ! enrage-t-il en martelant du pied la poussière.

Il n'abandonne pas facilement ; le plus important dans le football, c'est de gagner et d'être le meilleur.

Lorsque personne n'est là pour jouer avec lui, Cristiano se contente d'un mur pour s'entraîner au tir pendant des heures. Améliorer son jeu est pour lui une obsession. Mais plus que tout, ce sont les batailles qu'il livre sur le terrain qui le passionnent. La sensation de la victoire est la plus belle au monde, et il est déterminé à la ressentir tous les jours.

Cristiano est d'un naturel sympathique et blagueur, mais sur le terrain, il redevient parfaitement sérieux et est incroyablement concentré.

– On se retrouve demain, même heure ! lance-t-il à ses camarades tandis qu'ils se séparent pour rentrer chez eux.

Il n'en peut déjà plus d'attendre ce prochain rendez-vous.

Il essaie de rentrer chez lui en douce, mais Dolores l'attend de pied ferme, furieuse.

– Qu'est-ce que j'avais dit ?! le gronde-t-elle en l'attrapant par l'oreille. Que tu pourrais jouer au football seulement après tes devoirs. Tu les as faits ?

Cristiano baisse les yeux et secoue la tête.

– Et tu as passé le balai, comme je te l'avais demandé ? Parce qu'on ne dirait pas ! s'emporte-t-elle.

– Pardon ! gémit Cristiano en fondant en larmes.

Mais la punition ne dure pas bien longtemps.

– Écoute, mon fils, je sais que tu adores le football, et je ne veux pas t'empêcher de poursuivre ton rêve, le rassure Dolores en passant une main dans ses cheveux. Mais il y a d'autres choses qui sont importantes : dire la vérité, pour commencer, et aider sa famille.

Chapitre 4

ANDORINHA

– Joyeux anniversaire ! lance Fernando en arrivant dans la maison familiale de Quinta Falcão.

Cristiano est ravi de voir son parrain, mais plus que tout, il est surexcité à l'idée de fêter ses sept ans et de recevoir son cadeau d'anniversaire. Fernando, qui est capitaine de l'équipe d'Andorinha, sait à quel point le jeune garçon aime le football. Il lui a probablement déniché le présent idéal !

Mais le cadeau de Fernando est emballé dans une boîte rectangulaire… En le déballant, Cristiano a du mal à dissimuler sa déception : c'est une petite voiture.

– Tu ne l'aimes pas ? s'inquiète Fernando.

– Dis merci ! ordonne Dolores à son fils.

– Merci. J'espérais juste que ce serait un ballon – *mon* ballon.

L'année suivante, c'est exactement ce que Fernando lui offre. C'est vraiment parfait, et Cristiano ne s'en sépare plus. Il l'emmène partout pour s'entraîner dès qu'il a un moment de libre – même à l'école, ce qui contrarie la maîtresse.

– C'est amusant, le foot, mais ce n'est pas quelque chose d'important, lui dit-elle en lui confisquant sa balle pour la garder au pied de son bureau jusqu'à la fin de la journée. L'éducation, *ça*, c'est important.

Cristiano n'est pas d'accord : pour lui, le football est d'une importance capitale. Mais il sait aussi que sa mère va le gronder fort si jamais il cause encore des problèmes.

Quand il peut enfin apporter son ballon dans la rue, il devient immédiatement le garçon le plus populaire du quartier. Du jour au lendemain, tous les autres veulent devenir son meilleur ami, même s'il est de plus en plus difficile de jouer à son niveau et de le tacler. Avec un vrai ballon comme celui-ci, Cristiano peut courir encore plus vite. Et il est tellement à l'aise qu'aucun des autres enfants n'arrive à l'attraper.

D'ailleurs, il impressionne beaucoup son cousin, Nuno, lorsque ce dernier vient le voir jouer.

– Tu es bien trop bon pour jouer avec ces gars-là, déclare-t-il à Cristiano. Moi, je joue avec Andorinha, maintenant. Tu devrais venir t'entraîner avec moi !

L'idée plaît énormément à Cristiano. Son père est le concierge du club, son parrain en est le capitaine, et même son frère Hugo joue avec eux. Ce serait logique qu'il y aille aussi ! Après tout, il s'y rend souvent pour regarder les matchs. Alors pourquoi pas pour y jouer ?

– Nuno a raison, reconnaît Dinis quand son fils lui parle de ce projet. Il est temps que tu te mettes à faire du vrai football.

Le « vrai football », c'est bien différent de ce à quoi Cristiano est habitué. Le terrain de l'Andorinha est parfaitement plat, et tout le monde a son propre maillot aux couleurs de l'équipe. Ils commencent par s'échauffer en courant et en faisant divers étirements. Et puis les entraînements ne consistent pas qu'en un long match : l'entraîneur place des plots sur le sol, puis leur fait faire des exercices de passe et de dribble.

– C'est comme si on était des pros ! s'émerveille Cristiano auprès de Nuno.

Dans la rue, il a pu développer son style et son assurance, mais au sein d'un club, il apprend la tactique et à tirer le meilleur de son talent.

Cristiano s'entraîne avec des garçons qui ont deux ou trois ans de plus que lui et qui sont tous bien plus grands et forts. Même s'il a une taille tout à fait normale pour ses huit ans, il est encore très maigrichon. Et, habile comme il est, il doit s'attendre à ce que les défenseurs commettent beaucoup de fautes sur lui. Au début, devoir lutter épaule contre épaule l'effraie. Pendant le match de fin d'entraînement, l'un des garçons le tacle violemment et l'envoie dans les airs.

Aïe !

Il se relève péniblement et s'écarte en boitant.

– Ça va ? s'inquiète l'entraîneur.

– Oui, oui, répond Cristiano. Ne vous en faites pas, je peux m'occuper de moi-même !

Il ne veut montrer aucun signe de faiblesse devant

ses nouveaux camarades. Et puis ce n'est pas la douleur qui l'arrêtera.

Quelques séances plus tard, Cristiano recouvre ses forces et son féroce esprit de compétition. Il ne tarde pas à devenir le meilleur joueur de l'équipe. Il court aussi vite avec le ballon au pied que sans, et ses dribbles magiques déboussolent les défenseurs, qui ne savent plus où donner de la tête. Quant à ses tirs, ils sont de plus en plus précis, et il marque quantité de buts à chaque match en équipe de sept et de onze.

– Bien joué, pleurnichard ! le félicite Ricardo, son coéquipier, avec un large sourire, après une nouvelle victoire. Je ne t'ai pas vu verser une seule larme, aujourd'hui !

Cristiano n'aime pas vraiment son nouveau surnom, mais il sait qu'il ne s'agit que d'une plaisanterie amicale. Passionné par le football et mû par son appétit de victoire, il a souvent du mal à dissimuler ses émotions.

Si jamais il voit l'un de ses coéquipiers se la jouer perso et tenter de marquer seul, plutôt que de lui passer la balle, les larmes lui montent tout de suite aux yeux.

– J'étais juste là, j'aurais pu marquer !

Et si jamais l'un de ses camarades lui fait remarquer

que lui non plus n'a pas passé la balle, Cristiano a la même réaction.

– Je suis le meilleur joueur ! Si on gagne, c'est grâce à moi !

Et dans le cas où l'équipe perd un match, alors rien ne peut arrêter ses sanglots.

– Je n'y crois pas ! C'est la faute de l'arbitre !

Mais tant que Cristiano continue de jouer aussi bien, ses camarades n'y prêtent pas plus d'importance que ça. Lors d'un match, à la mi-temps, Andorinha est en train de perdre 0 à 2. Cristiano, qui a manqué plusieurs occasions, déboule dans les vestiaires avec le visage ruisselant de larmes de frustration. Il s'assied dans un coin, le dos tourné aux autres joueurs. Au bout d'une minute, Ricardo s'approche.

– Calme-toi ! On a encore le temps de refaire notre retard !

Cristiano acquiesce, puis prend une profonde inspiration. Lorsque le match reprend, il a trouvé le moyen de transformer sa colère en détermination à toute épreuve, et quand retentit le coup de sifflet final, le score est de 3-2 pour Andorinha. C'est lui le héros du jour.

– Tu aimes bien faire un peu de mélodrame, hein ? s'esclaffe Ricardo alors qu'ils fêtent leur victoire.

Le match fini, Cristiano redevient un garçon normal et jovial.

– C'est vrai, mais sans moi, que feriez-vous ? rétorque-t-il.

Chapitre 5

CD NACIONAL

Après avoir pris sa retraite de footballeur, Fernando Sousa est devenu l'entraîneur de l'équipe jeunesse du CD Nacional, l'un des clubs les plus importants de Madère. Et en plus d'entraîner ses joueurs actuels, il sillonne l'île à la recherche de nouvelles recrues.

– Est-ce que tu as vu ce que fait le nouvel ailier d'Andorinha ? lui demande un jour l'un de ses recruteurs. Il est incroyable !

– On n'arrête pas de me parler de ce gamin ! répond Fernando.

C'est vrai que cette « étoile montante » fait déjà beaucoup parler d'elle.

– Il faut que je me déplace pour voir ça de mes propres yeux.

Le manager se rend donc à Andorinha pour assister à un match. Au début de la rencontre, il est stupéfait : le nouvel ailier dont tout le monde parle en ce moment, c'est son propre filleul, Cristiano !

Waouh ! Quand est-il devenu aussi bon ? se demande-t-il.

À chaque but marqué par Andorinha, le sourire de Fernando s'élargit un peu plus. Cela faisait plusieurs années qu'il n'avait pas vu Cristiano, et l'enfant s'est changé en un joueur complètement différent. En fait, c'est même le meilleur jeune footballeur que Fernando ait jamais observé ! À seulement dix ans, il a déjà une avance phénoménale sur tous les autres gamins sur le terrain.

– Il faut absolument que je le recrute pour le Nacional ! décide Fernando au bout de quelques minutes seulement.

La tâche s'annonce très difficile, cependant, même s'il connaît bien la famille. Le problème, c'est que Cristiano est un fan absolu du club rival, le CS Marítimo. En plus, ce club entretient d'étroites relations avec Andorinha, et nombreux sont les jeunes joueurs à passer d'une équipe à l'autre au fur et à mesure de leur progression. Sans compter que le stade du Marítimo est bien plus proche de la maison de Cristiano.

– Ils sont réputés pour aider les jeunes joueurs à monter de niveau, et ils viennent juste d'arriver en finale de la Coupe portugaise, explique Dinis à Fernando lorsque celui-ci vient le voir pour discuter de l'avenir de Cristiano.

– Je comprends, mais le Nacional fera tout de même une offre. On verra bien ce que ça donne.

Bien décidé à attirer Cristiano dans son équipe, Bernardino Rosa, le recruteur du Marítimo, n'arrête pas de parler à tout le personnel du club de l'incroyable jeune attaquant qu'il a découvert.

– Il a un potentiel fou, mais il faut qu'on agisse vite !

Pourtant, tous les entraîneurs ne sont pas aussi emballés par l'idée d'accueillir Cristiano, et les négociations autour du contrat traînent en longueur.

– C'est bizarre, mais j'ai comme l'impression qu'ils ne sont pas plus motivés que ça, confie un jour Dinis à Fernando.

– On veut que Cristiano aille dans un club qui saura

l'apprécier à sa juste valeur, ajoute Dolores. Et, pour l'instant, il ne semble pas que ce soit le cas du Marítimo.

Ce qui signifie qu'il reste de l'espoir pour le Nacional. Un jour, Bernardino est absent à un rendez-vous crucial fixé avec Andorinha. C'est la goutte d'eau qui fait déborder le vase, et le club décide d'accepter l'offre du Nacional : deux panoplies complètes et vingt ballons, rien que pour Cristiano.

– Quelle aubaine ! se réjouit Fernando.

Il est absolument ravi de ce transfert, qui s'annonce très prometteur.

– Tu vas te plaire, ici, dit-il à Cristiano pendant qu'il fait visiter à toute la famille les installations flambant neuves de la section jeunesse du Nacional.

Le jeune garçon a des étoiles dans les yeux, comme s'il était entré dans le plus grand magasin de bonbons du monde.

– Cet endroit est incroyable ! lance-t-il à son père.

Rien qu'au premier regard, il devine que le niveau sera élevé, ici.

– Tu fais tes premiers pas vers la gloire, mon fils, lui répond Dinis avec un air soudainement très sérieux.

Si tu écoutes tes entraîneurs et que tu retiens leurs leçons, ce pourrait bien être le début d'une carrière fantastique.

Cristiano hoche la tête. Il n'y a rien qu'il désire plus que devenir footballeur professionnel, c'est son rêve. Et déjà à l'âge de dix ans, il est entièrement focalisé sur son objectif : devenir le meilleur du monde. Quand Dolores le questionne au sujet de ses études, sa réponse reste toujours la même : pour lui, le football passe avant l'école. En fin de compte, elle finit par céder et laisse son fils faire son choix tout seul.

– Si c'est vraiment ce que tu veux, alors vas-y. Je ne t'en empêcherai pas, se résout-elle.

Au fond de son cœur, elle espère avoir pris la bonne décision.

Parmi les entraîneurs de l'équipe des jeunes du Nacional, il y a un certain Pedro Talhinhas, qui a déjà entendu parler de Cristiano. C'est la toute première fois qu'il a l'occasion de le voir à l'œuvre, et le coach est donc très impatient.

– Bienvenue ! le salue-t-il en lui serrant la main. J'espère que tu es prêt à travailler dur !

Pendant les exercices, Cristiano fait preuve d'un excellent

contrôle de balle, d'une grande habileté dans son jeu de jambes et d'une puissance des deux pieds plus que correcte. Il passe les premiers tests, mais qu'en sera-t-il du match de fin de séance ? C'est là que Pedro espère le voir faire la différence.

Ça a beau n'être que la première séance de Cristiano avec le club, sa soif de victoire est déjà inextinguible, et cela fait ressortir en lui le pire comme le meilleur. Le voilà qui dribble vers la cage en solitaire, en ignorant complètement ses nouveaux coéquipiers, qui lui réclament le ballon. Il exécute quelques passements de jambe et pirouettes impressionnantes, mais il finit par se faire tacler et par perdre la balle. Les autres joueurs sont contrariés.

– Pourquoi tu n'as pas fait la passe ? le questionnent-ils.

Dans le feu de l'action, Cristiano se fait plus d'ennemis que d'amis.

– Parce que je suis meilleur que vous tous ! rétorque-t-il avec colère.

Pedro est très déçu de l'arrogance du garçon, mais ce n'est pas la première fois qu'il voit ça. Pour briller dans le foot de rue, il est indispensable de faire preuve de ce genre de confiance en soi. Mais en club, ce n'est pas la même histoire ; mieux vaut se servir de sa cervelle, et l'égoïsme ne paie pas.

À la fin de l'entraînement, Pedro va s'asseoir avec Cristiano pour lui parler.

– Tu as un vrai don, mais si tu n'apprends pas à jouer en équipe, tu n'arriveras à rien. L'essence du football, c'est de jouer ensemble, et tes nouveaux coéquipiers sont tous excellents. Si tu veux gagner, il faut que tu leur fasses confiance.

Cristiano écoute attentivement les conseils de l'entraîneur, comme son père l'y a encouragé. À la séance suivante, il s'efforce de passer la balle plus souvent, mais il a toujours du mal à être gentil avec les autres.

– Ici ! La passe ! aboie-t-il tout au long du match.

Et si la passe ne vient pas, il fait bien comprendre son agacement en levant les bras au ciel et en versant des larmes de frustration.

– Allez ! Tu peux faire mieux que ça !

Au bout de quelques semaines, Pedro est satisfait des progrès de Cristiano, mais quelque chose d'autre le tracasse. Il décide d'aller en parler à Dolores.

– Est-ce que ton fils a bon appétit ? lui demande-t-il.

– C’est un enfant, il mange tout ce qu’on pose devant lui ! répond-elle avec un sourire amusé.

– Il mange beaucoup de viande ?

– Malheureusement, ça dépend de nos finances. Quand je peux me le permettre, j’en achète. Mais certaines semaines, on ne mange que de la soupe et du pain.

Pedro sait que la famille de Cristiano n’est pas riche et qu’un régime équilibré peut coûter cher.

– Je comprends que ce soit difficile, mais, s’il vous plaît, faites votre possible pour qu’il mange plus de viande et de poisson. Il joue très bien, mais il est tout maigre. Il faut qu’il prenne un peu de masse, pour éviter que les défenseurs ne le brisent comme une brindille.

Chapitre 6

REPÉRÉ PAR LE SPORTING

Dans le monde du football portugais, Aurélio Pereira est une figure importante. C'est lui qui a recruté certains des meilleurs joueurs du pays – Paulo Futre, Simão Sabrosa et, surtout, Luís Figo – pour le plus grand club du Portugal : le Sporting Lisbonne. Il sait reconnaître le talent véritable d'un seul coup d'œil, et il s'apprête à découvrir celui d'un jeune garçon de Madère.

Cristiano, de son côté, ne cesse de s'améliorer au Nacional. C'est leur vedette ; grâce à lui, ils remportent le championnat régional des moins de treize ans, et son habileté hors du commun fait grand bruit dans les ligues locales. Il attire même l'attention de clubs plus importants d'autres régions du pays. Alors que Cristiano n'a que douze ans, Fernando et Dinis commencent déjà à envisager les perspectives d'avenir de leur champion en herbe.

– Il est trop bon pour rester coincé sur cette île, déclare Fernando. S'il reste ici, il ne fera que gaspiller son talent.

Dinis est du même avis. Fernando prend donc contact avec son ami, João Marques de Freitas, qui connaît beaucoup de monde au Sporting Lisbonne.

– OK, je vais voir ce que je peux faire, lui répond João.

Et la toute première personne qu'il appelle n'est autre qu'Aurélio Pereira.

– J'ai un ami qui me dit que son filleul est un vrai champion, explique-t-il. Je sais que tu dois entendre ça tous les jours, mais j'ai vraiment foi en son jugement. Le petit vit à Madère. Qu'est-ce que tu veux que je fasse ?

Aurélio décide de faire confiance à João et à son ami.

– Très bien, je vais y envoyer un recruteur pour voir ce qu'il sait faire.

Son agent arrive lors d'un tournoi auquel participe l'équipe du Nacional, mais dans lequel Cristiano ne joue pas. Au lieu d'être sur le terrain, il est sur la touche et joue à faire des jongles. Et même quand il s'essaie aux tours les plus difficiles, la balle ne touche jamais le sol.

Ses pieds bougent tellement vite qu'on a presque du mal à les distinguer.

Immédiatement, le recruteur est très impressionné.

– C'était comme regarder un spectacle de magie ! raconte-t-il à Aurélio. Je n'ai jamais vu quelqu'un d'aussi doué.

Sans plus attendre, le manager rappelle son ami João.

– Dis au gamin de venir pour qu'on le mette à l'essai.

Jamais encore Cristiano n'a quitté Madère. Fernando le conduit à l'aéroport, mais il doit ensuite voyager seul. Ça ne le dérange pas, il a l'habitude d'être seul. Même si son père assiste à tous ses matchs, Cristiano se rend toujours seul aux entraînements. Il sait se débrouiller par lui-même, mais prendre l'avion pour Lisbonne est quand même une autre affaire. En vérité, il ne s'est jamais senti aussi nerveux.

À l'atterrissage, Aurélio est là pour l'accueillir. Cristiano, si bruyant et agressif sur le terrain, se fait tout petit sur ce territoire inconnu, avec un étranger pour unique compagnie. Il passe tout le trajet en voiture jusqu'au terrain d'entraînement à regarder par la fenêtre. C'est la première fois qu'il voit autant de gens et de véhicules. Lisbonne est vraiment un endroit très différent de Madère.

– C'est une grande ville, dit Aurélio pour briser le silence. Mais je te promets qu'il y fait bon vivre.

Dès qu'il aperçoit les terrains de football au loin, Cristiano se calme et retrouve un peu de son assurance habituelle.

Je suis prêt à briller, et c'est pour ça que je suis venu, songe-t-il.

Il n'a peur de rien.

À leur arrivée, Aurélio lui remet une panoplie du Sporting et le présente à Paulo Cardoso, l'un des entraîneurs des équipes de jeunes. Après s'être changé et quelques étirements, Cristiano se précipite sur le terrain au pas de course. L'un des autres enfants lui passe la balle, mais il est tellement concentré sur sa prochaine action que son pied manque le ballon, qui roule derrière lui.

Il est très mécontent de son erreur, mais il lui reste encore de nombreuses occasions de se faire remarquer. La deuxième fois qu'il reçoit le ballon, il exécute une impressionnante démonstration d'habileté : avant même que le défenseur puisse comprendre ce qui lui arrive, Cristiano le dépasse et remonte l'aile à toute vitesse.

– Eh ben ! s'étonne Paulo. Ça, ce n'est pas banal !

Cristiano leur montre tout ce qu'il sait faire. Il marque du pied droit, du pied gauche ; c'est une véritable leçon de football pour les autres. Même les joueurs plus âgés quittent leurs terrains pour venir l'observer.

Au terme du premier jour, Paulo envoie à Aurélio un rapport qui vante tellement les mérites du jeune garçon que, le lendemain, Pereira vient assister en personne aux tests. Il a du mal à croire qu'il s'agit du même petit gars timide qui était assis dans sa voiture à peine deux jours auparavant. Cristiano est déjà en train de dicter à ses camarades quoi faire et où passer la balle. Et bien qu'un certain nombre d'entre eux soient plus vieux que lui, ils semblent accepter ses ordres sans poser de questions.

– Au moins, il a du cran ! s'amuse Aurélio.

Il ne lui faut pas bien longtemps pour se faire un avis : Cristiano est exactement ce dont le Sporting Lisbonne a besoin. Il reste encore quelques jours d'essai, mais le club commence déjà à établir son contrat.

– Son talent naturel est incroyable, et ce qu'il n'a pas encore, on pourra le lui apprendre, dit Aurélio aux propriétaires du club. Il pourrait bien représenter l'avenir de notre équipe.

Prochaine étape : rendre visite aux parents de Cristiano, à Madère. Aurélio les rencontre dans un hôtel et leur présente l'offre du Sporting.

– On prendra soin de Cristiano, à Lisbonne. Il vivra avec les autres garçons, dans le centre pour les jeunes, et il fera partie de la famille du Sporting. Il continuera d'aller à l'école tous les jours et ne sera autorisé à jouer au football que s'il se comporte comme il faut.

Bonne chance ! songe Dolores.

– En plus, on vous offrirait le voyage pour aller le voir trois fois par an, et vous recevrez un salaire annuel de dix mille euros.

Tout cet argent serait une bénédiction pour la famille, mais Dolores est tout de même soucieuse à l'idée de laisser partir son fils. Après tout, il n'a que douze ans. Dans une nouvelle ville, et grande, qui plus est, il va devoir grandir très vite, et sa mère ne sera pas là pour le protéger.

– Merci, mais il faut qu'on prenne le temps d'y réfléchir, répond-elle à Aurélio.

– Maman, je veux y aller ! la supplie Cristiano.

C'est l'occasion d'une vie. La seule chose qu'il ait jamais voulu faire, c'est devenir footballeur professionnel.

– Il n'y a pas de souci, affirme Aurélio. Prenez votre temps pour en discuter.

Il ne veut pas mettre la pression à la famille.

En fin de compte, Dolores finit par admettre qu'il s'agit de la meilleure option pour son fils. Aller à Lisbonne lui permettra d'échapper à une existence étouffée par la pauvreté à Madère. Et puis ce qui la rassure un peu, c'est que le football le gardera sur le droit chemin : pas d'alcool, et pas de risque qu'il se retrouve embrigadé dans des activités criminelles.

Le jour du départ, à l'aéroport, toute la famille est en larmes.

– Bonne chance, mon chéri ! Tu vas nous manquer, dit Dolores à son fils en l'embrassant sur les deux joues. Sois sage et écris-nous toutes les semaines. Bats-toi pour réaliser ton rêve !

– Je garderai un œil sur la télé en espérant t'y voir bientôt ! plaisante Hugo.

C'est un bien triste jour, mais devant Cristiano s'ouvre un futur étincelant.

Chapitre 7

LA VIE À LISBONNE : AU QUOTIDIEN

– Comment ça se passe, à Lisbonne ? demande Dolores à Cristiano au téléphone.

Cela fait maintenant un mois que son plus jeune fils a quitté le domicile familial, et il lui manque horriblement. Elle est très curieuse et n'arrête pas de le questionner pour qu'il lui raconte toutes les nouvelles choses passionnantes qu'il fait dans la capitale portugaise.

Cristiano prend une profonde inspiration, mais il n'arrive pas à se retenir de pleurer.

– Maman, je veux rentrer à la maison, gémit-il.

Quand il était encore à Madère, il adorait être libre de faire ce qu'il voulait. Où qu'il aille, il connaissait tout le monde et savait retrouver son chemin. L'ambiance était amicale et détendue. Mais ici, à Lisbonne, la liberté l'effraie. Il ne connaît personne, et il est obligé de prendre le bus et le métro tous les jours, tout seul. Au début, il a vraiment du mal à s'adapter.

– Excusez-moi, est-ce que vous savez comment aller jusqu'à Telheiras ? demande-t-il aux passants, le jour de la rentrée scolaire. Mais tous les gens qu'il croise sont bien trop pressés pour lui accorder un moment. Seul dans une ville qui lui est étrangère, Cristiano prend le mauvais train et se perd. En fin de compte, il arrive en retard pour le premier jour dans sa nouvelle école. Lorsqu'il entre dans la classe, l'enseignante est en train de faire l'appel.

– Cristiano Ronaldo ?

Le garçon lève la main.

– Oui, je suis là.

Dès qu'il a ouvert la bouche, tous ses camarades se sont mis à se moquer de lui. Cristiano ne voit pas ce qu'il y a de si drôle, mais il voit bien que tout le monde le dévisage. Est-ce qu'il a l'air si différent que ça ? A-t-il oublié de mettre un pantalon ? Il déteste déjà être le nouveau, et il sent la colère monter en lui.

– Ne soyez pas grossiers ! les gronde le professeur. Cristiano vient de loin, il est de Madère. Soyez gentils et accueillez-le convenablement, s'il vous plaît.

Jamais encore Cristiano n'avait réfléchi à son accent, ce n'est qu'à cet instant qu'il réalise qu'il parle différemment des autres.

Il comprend pourquoi les autres élèves se moquent de lui. En les observant tour à tour, il remarque aussi que ses habits ne sont pas pareils aux leurs : tandis que ses camarades de classe portent des vêtements neufs à la mode, lui n'a qu'un vieux tee-shirt que lui a donné son cousin. Il fait un peu tache dans le décor.

Et cela ne se passe guère mieux au centre pour jeunes du Sporting. Cristiano a deux ans de moins que les autres garçons, et ceux-ci préfèrent passer du temps entre eux plutôt qu'avec un petit de douze ans. Le soir, après l'entraînement, Cristiano reste seul dans sa chambre, à penser à sa maison.

– Ne baisse pas les bras, l'encourage Dolores après qu'il lui a tout raconté.

C'est horrible, d'entendre son fils dans une telle détresse, alors que tant de kilomètres les séparent. Elle aurait tellement voulu pouvoir lui faire un gros câlin.

– Tu vas te faire des amis, et tout s'arrangera. Bientôt, tu oublieras même Madère, et nous aussi !

– Jamais ! réplique immédiatement Cristiano.

Puis il vérifie sa carte de téléphone : il est déjà presque à court de crédit.

Heureusement, Aurélio n'est jamais loin et garde un œil sur lui. Sans compter qu'un autre des entraîneurs du Sporting Lisbonne décide de prendre Cristiano sous son aile : Leonel Pontes, qui, lui aussi originaire de Madère, ne sait que trop bien à quel point il est dur de s'adapter à la vie dans la capitale.

– Les premiers mois sont les plus difficiles, je te le promets, explique-t-il à Cristiano, un jour où il l'a invité à dîner chez lui. Je me souviens que, quand j'étais à ta place, je m'endormais en pleurant dans mon oreiller tous les soirs.

Leonel voit bien que Cristiano fait tout son possible pour retenir ses larmes.

– Ce n'est pas grave, d'avoir le mal du pays, tu sais ? C'est important d'exprimer tes émotions, plutôt que de les garder pour toi et de les laisser fermenter. Ce n'est pas un signe de faiblesse.

Cristiano acquiesce. Il est profondément reconnaissant du soutien que lui apporte Leonel, alors qu'il est si loin de sa famille. Et même si sa maison lui manque beaucoup, il est déterminé à réaliser son rêve, quoi qu'il lui en coûte.

Quand il sent la tristesse s'emparer de lui, il se répète : *Si je suis ici, c'est pour entrer dans l'histoire.*

Avec le temps, Lisbonne finit par devenir une seconde maison pour Cristiano, et il retrouve le sourire. À quatorze ans, il s'est fait de nouveaux amis, et il est plus que jamais concentré sur le football.

Une nuit, son camarade de chambre, Hugo Pina, se réveille et le trouve tout habillé.

– Ben, où tu vas, Cristiano ? murmure-t-il.

– À la salle de sport, répond le garçon. Tu veux venir ?

Hugo secoue la tête et referme les paupières.

– Non, je veux dormir. Tu es cinglé !

Cristiano cherche constamment de nouveaux moyens de se dépasser : non seulement il s'entraîne avec ses coéquipiers pendant la journée, mais il continue en solitaire la nuit. Il travaille plus dur que n'importe qui, et même dans les exercices où il excelle – comme le contrôle du ballon, les dribbles et les sprints –, il n'est jamais complètement satisfait.

Cependant, il reste un domaine dans lequel Cristiano tient par-dessus tout à progresser : la force physique. Il est toujours très maigre, et il va vraiment avoir besoin de prendre du muscle s'il veut pouvoir se mesurer à des défenseurs de forte carrure.

– J'ai le talent pour les battre, mais si je ne suis pas assez fort pour leur prendre le ballon, ça ne me sert à rien, explique-t-il un jour à Hugo.

Alors il commence à faire des pompes et des squats dans sa chambre. Puis il s'attache des poids aux chevilles pour courir dehors. Aux feux rouges, il attend que le signal passe au vert, puis fonce pour essayer de faire la course avec les voitures, jusqu'au sommet des montées les plus raides.

Qu'est-ce qu'il fabrique ?! se demandent les automobilistes en voyant un jeune garçon courir à toute haleine à côté de leur véhicule.

Mais Cristiano n'a toujours pas l'impression de prendre assez vite de la masse musculaire. Alors, quand il voit des joueurs plus âgés et plus forts que lui soulever des haltères, à la salle de sport, il décide de les imiter.

– Mais tu n'as que quatorze ans ! proteste Hugo.

S'il ne fait pas attention, Cristiano risque de se blesser.

– Ces gars sont énormes ! Impossible que tu arrives à soulever des poids aussi lourds.

Sauf qu'une fois que Cristiano s'est mis une idée en tête, rien ne peut l'arrêter. Et puis il a déjà entendu les seniors discuter d'un de leurs coéquipiers qui s'est gravement blessé en faisant du sport dans une mauvaise position, et il sait qu'il ne peut pas mettre sa santé en danger en prenant les mêmes risques : s'il se ruine le dos, il ne pourra plus jouer au football. Il programme donc plusieurs séances avec un coach pour apprendre à soulever des poids en toute sécurité, puis passe des heures dans la salle de sport tous les soirs. Lorsque les gérants du club décident de faire poser un verrou sur la porte de leur centre, il ne peut plus rentrer aussi tard. Mais même cette contrainte n'est pas un obstacle. Il s'est lancé un défi, et il n'a aucune intention de baisser les bras avant de l'avoir relevé.

– Tout ce que ça veut dire, c'est que je vais avoir moins de temps pour m'entraîner, plaisante-t-il avec Hugo. Du coup, dorénavant, je prendrai mes repas plus tard, après être allé à la salle. Et s'il le faut, je rentrerai par la fenêtre !

Chapitre 8

LA VIE À LISBONNE : SUR LE TERRAIN

– Je prends ! lance Cristiano lorsque son équipe obtient un corner, à l'entraînement.

Même s'il a du mal à s'adapter à sa nouvelle vie, dès qu'il s'agit de jouer au football, il se sent comme un poisson dans l'eau. Le terrain a toujours été son élément naturel.

Les autres moins de quinze ans sont trop stupéfaits pour discuter. Cristiano a été transféré dans la catégorie supérieure et est désormais plus jeune d'un an que tous. Mais au lieu de faire preuve d'humilité, il prend les commandes, sans rien demander à personne. Qui croit-il être ?

– Je prends ! crie-t-il encore quand l'arbitre siffle un coup franc.

Entre-temps, cependant, ils se sont habitués à ses démonstrations d'arrogance.

– Attends une seconde, c'est ton premier…

Mais avant que le joueur ait pu terminer sa phrase, l'arbitre siffle, et Cristiano expédie une frappe enroulée puissante, qui entre en plein angle inférieur.

Buuuuuuuuuuuuuuuuuuuuuuuuuuuuuut !!!

Pour marquer le coup, il se tourne vers le reste de l'équipe et leur fait un clin d'œil. S'il y a bien une chose dont il ne manque pas, c'est le cran.

Et quand son équipe obtient un penalty, il recommence.

– Je prends !

Cette fois, personne ne proteste. Il ne faut pas longtemps à ses camarades pour comprendre qu'il vaut mieux ne pas le contrarier. Et puis c'est le meilleur joueur avec lequel ils aient jamais joué. Tant qu'ils suivent les règles de Cristiano, ils gagnent. Mais s'ils essaient de prendre un tir à sa place ou s'ils l'ignorent quand il appelle le ballon, il perd tout son sang-froid.

– Qu'est-ce que tu fais ?! enrage-t-il en frappant le gazon du talon.

Alors que l'équipe mène 5 à 0, la plupart des autres

joueurs commencent à se relâcher un peu, mais pas Cristiano.

– Allez, on continue à attaquer ! hurle-t-il aux défenseurs.

Il lui en faut toujours plus.

Et même s'il ne porte pas le brassard de capitaine, il ne tarde pas à devenir le vrai meneur. Cristiano donne ses indications aux autres, et ceux-ci s'exécutent. Hugo, lui, n'a jamais rencontré qui que ce soit d'aussi passionné et compétitif. Pour Cristiano, la défaite n'est pas une option, et, au fur et à mesure, ses camarades se mettent à adopter son attitude.

Mais son comportement cause aussi des problèmes : il est toujours un très mauvais perdant, et ses crises de nerfs lui valent souvent d'être exclu du terrain. Les entraîneurs ont toutes les difficultés du monde à le canaliser et à lui faire entendre leurs conseils.

– Il faut que tu passes la balle plus vite ! lui crie Leonel quand il perd le ballon.

Pourtant, il sait que le garçon ne l'écoutera pas. Au lieu de suivre les directives, Cristiano fait exactement la même chose que ce qu'il vient de faire – en évitant de se faire tacler, cette fois – et marque un superbe but. C'est comme ça qu'il fonctionne.

L'autre problème vient de ses coéquipiers. Certains apprécient de jouer avec lui, mais beaucoup d'autres n'aiment pas son style agressif – Ricardo Quaresma, par exemple, qui joue en attaque sur la gauche, tandis que Cristiano joue sur l'aile droite. Ce sont les deux stars de l'équipe, mais ils sont aussi rivaux que camarades.

Et tout ça rend bien difficile la vie d'Hugo, qui joue central. S'il passe à Cristiano à droite, Ricardo se plaint, et s'il passe à Ricardo, c'est l'inverse.

– Je ne suis jamais tranquille ! se désole-t-il.

Quoi qu'il en soit, l'équipe gagne quand même, en dépit du fait que Cristiano et Ricardo ne se font jamais de passes.

– Pour l'instant, ça marche, mais ça pourrait nous causer de gros soucis plus tard, fait remarquer Leonel lors d'une conversation avec Aurélio. Un jour, il va falloir que Cristiano apprenne à jouer *avec* d'autres joueurs talentueux.

En temps normal, les entraîneurs du Sporting Lisbonne préfèrent laisser les jeunes apprendre de leurs erreurs, mais il est parfois nécessaire d'insister un peu pour faire rentrer les leçons dans leur crâne.

Il y a un match en particulier que Cristiano attend depuis le tout début de la saison : une rencontre à l'extérieur avec le Marítimo. Pour lui, c'est une occasion de retourner à Madère, et de voir sa famille et ses amis.

– J'ai trop hâte de rentrer ! dit-il à Dolores à l'approche du match.

– Et on a tellement hâte de te revoir !

Toute la famille est extrêmement enthousiaste à l'idée de voir sa jeune superstar de retour sur l'île.

Mais, durant la semaine qui précède le match, Cristiano a l'esprit ailleurs et passe à côté de tous ses entraînements. Non seulement il ne fait la passe à personne, mais il n'arrête pas de se disputer avec ses coéquipiers. En plus, il ne travaille pas à l'école. Son comportement inacceptable oblige les entraîneurs à prendre une décision difficile.

– Comment ça, je n'irai pas ?! explose Cristiano.

Il a les yeux rivés sur la liste des sélectionnés pour le match contre le Marítimo, et son nom n'y figure pas. Il vérifie encore et encore, mais il ne rêve pas : il ne jouera pas. Peut-être s'agit-il d'une erreur ? Il n'arrive pas à y croire.

– Désolé, mais on attend de nos joueurs qu'ils se comportent correctement pendant les entraînements, lui explique Aurélio.

Il sait à quel point cette décision va blesser Cristiano, mais ils ne peuvent pas se permettre de lui accorder un traitement de faveur. Ce n'est pas parce qu'il est leur meilleur joueur qu'ils doivent tout lui pardonner. C'est une leçon importante qu'il doit apprendre. Il a enfreint les règles, c'est aussi simple que ça.

Cristiano sort de la pièce en claquant la porte, le visage inondé de larmes. Il ne comprend pas comment ils peuvent lui infliger ça ! C'est tellement injuste ! Il décide donc d'appeler sa mère, car il sait qu'elle, elle le soutiendra.

– Ils ne veulent pas me laisser aller à Madère ! gémit-il au téléphone.

– Pourquoi ? Qu'est-ce qu'il s'est passé ? le questionne Dolores.

Elle a attendu tellement longtemps de revoir son fils, et maintenant, il va lui falloir attendre encore plus ! La nouvelle lui brise le cœur.

Cristiano lui raconte ce qui s'est passé, mais en omettant la moitié de l'histoire. Du coup, le jour où l'équipe du Sporting Lisbonne arrive à Madère, Dolores est là pour défendre son fils.

– Comment avez-vous pu empêcher Cristiano de rentrer à la maison ? s'indigne-t-elle, furieuse, devant les entraîneurs.

Mais elle se calme vite lorsque Aurélio lui explique toute la situation. Elle est bien au courant du tempérament bouillant de son fils sur le terrain, et elle admet que la punition était nécessaire.

– Je sais que tu tiens vraiment à toujours gagner, mais tu ne peux pas le faire tout seul, lui dit-elle au téléphone. Il faut que tu aides tes coéquipiers et que tu partages la balle. Et surtout, écoute ce que te disent les entraîneurs ! Tu ne réussiras à devenir le meilleur que si tu fais tout ça.

Cristiano finit par comprendre. Il est temps pour lui de grandir et de poursuivre son rêve de devenir le meilleur footballeur du monde.

Chapitre 9

PLUS PRÈS DU BUT

À seize ans, Cristiano a conscience qu'il est de plus en plus proche de faire partie de l'équipe première du Sporting Lisbonne. Il joue exceptionnellement bien, pour les moins de seize ans, les moins de dix-sept ans, les moins de dix-huit ans, et pour l'équipe réserve. Parfois, il lui arrive encore de piquer des crises, mais son attitude s'est considérablement améliorée. Il en est sûr, ce n'est qu'une question de temps avant que l'entraîneur, László Bölöni, lui propose de rejoindre les seniors.

– Ricardo va bientôt intégrer l'effectif de la première, apprend Cristiano à sa mère, venue vivre à Lisbonne avec lui. Et moi, ils ne m'ont même pas demandé de commencer à m'entraîner avec eux. Pourquoi ?

– N'oublie pas que Ricardo a deux ans de plus que toi. Il ne faut pas chercher plus loin, répond Dolores en levant les yeux au ciel.

Son fils est si compétitif, et tout le temps !

– Sois patient.

Plus facile à dire qu'à faire, pour un jeune homme comme Cristiano. Mais, un jour, alors qu'il se rend au terrain d'entraînement, après l'école, l'entraîneur de l'équipe réserve le convoque dans son bureau.

– Ton heure est arrivée ! lui annonce-t-il avec un large sourire. Cet après-midi, tu t'entraînes avec l'équipe première.

– Oui ! se réjouit Cristiano en levant le poing dans un geste de victoire.

Enfin, il va avoir l'occasion de montrer à Bölöni qu'il est prêt à jouer dans la cour des grands.

– Ne fais pas trop la star le premier jour, lui recommande Dolores quand il l'appelle pour lui apprendre la nouvelle, sans pour autant croire un instant que son fils va suivre son conseil.

En entrant dans les vestiaires, Cristiano est soudain saisi par l'anxiété. Il est très enthousiaste, mais il a peur que ça ne se passe pas comme prévu. Assis dans un coin, il ne dit rien, tandis que des joueurs célèbres comme Mário Jardel ou João Vieira Pinto entrent et commencent à se préparer. Il a beau se trouver en présence de ses héros, il reste silencieux. Tant de choses lui traversent l'esprit : *Est-ce que ce sera ma seule chance de faire bonne impression ? Qu'est-ce que je peux faire pour être sûr qu'ils se souviennent de moi ?*

Quand il s'élance sur le terrain d'entraînement, son cœur bat la chamade ; la pression est telle qu'il n'arrive pas à se détendre et à jouer aussi bien qu'à son habitude. Non pas qu'il fasse beaucoup d'erreurs, mais sa performance est loin d'être inoubliable.

– Comment ça s'est passé ? l'interroge Dolores lorsqu'il rentre à la maison.

– Je ne pense pas en avoir fait assez, répond Cristiano en se laissant tomber sur le canapé avec un soupir. Je n'ai pas vraiment pu montrer à Bölöni à quel point je suis bon.

Pendant des semaines, il s'entraîne avec l'équipe première, mais son jeu ne s'améliore pas, et il sera bientôt à court de temps pour impressionner Bölöni.

– Je t'ai observé, l'autre jour, lui fait savoir Aurélio.

Tu ne joues pas comme d'habitude ! Où sont passées ta passion et ton assurance ? Il faut que tu retrouves ton mental d'acier.

Cristiano sait que son mentor a raison. S'il veut devenir le meilleur joueur du monde, il faut qu'il reprenne confiance en lui. À l'entraînement suivant, il est un homme différent : l'ancien Cristiano est de retour. Il est constamment à la récupération et, lorsqu'il a le ballon, il ose enfin faire les passements de jambe et les petits ponts dont il a le secret. Et si l'un de ses dribbles ne fonctionne pas, il recommence, encore et encore, jusqu'à ce que ça marche.

Un jour, alors qu'il vient de commettre une faute contre l'un des défenseurs de la première, ce dernier s'énerve contre lui.

– Non, mais tu te prends pour qui, gamin ?

Généralement, les recrues ont trop peur pour tenter des tacles à pleine vitesse, et les stars n'apprécient pas qu'un jeune les fasse passer pour des idiots.

– Le futur meilleur joueur du monde, lui répond Cristiano du tac au tac.

Le jeune homme ne rigole pas ; il est parfaitement sérieux. Ce n'est pas une blague.

Bölöni est satisfait des progrès de Cristiano. Le jeune homme a encore des choses à apprendre dans le jeu collectif et l'aspect tactique, mais il passe chaque jour beaucoup de temps à la salle de sport pour se renforcer physiquement.

– À seize ans, il est plus professionnel que la plupart de nos joueurs seniors à trente ans ! s'émerveille Bölöni en présence des autres entraîneurs.

Bientôt, Jardel quittera le Sporting, et le club aura besoin d'un nouvel attaquant.

– Faites-moi confiance. Cristiano est notre avenir, poursuit-il. La saison prochaine, il sera prêt à monter sur scène.

Chapitre 10

SOUS LES FEUX DE LA RAMPE

– Il sera encore meilleur qu'Eusébio et que Figo, annonce Bölöni lors d'une conférence de presse, à l'approche du début de la saison 2002-2003.

La première réaction des journalistes portugais est de rire. Ils ont beau avoir entendu beaucoup de bonnes choses au sujet de Cristiano, ils ne croient pas réellement qu'il puisse être meilleur que les deux plus grands joueurs que le pays ait jamais connus. Cela semble absurde, sans compter que le jeune homme n'a que dix-sept ans. Mais bon, tout peut arriver.

Cristiano, quant à lui, supporte la pression sans problème et se régale des compliments qu'on lui fait. Désormais, il a un agent, un dénommé Jorge Mendes, qui croit sincèrement en lui. Grâce à son soutien, Cristiano se sent prêt à faire face aux attentes qui pèsent sur lui. Au cours d'un match de présaison contre l'équipe espagnole du Real Betis, il est appelé sur le terrain à quinze minutes de la fin.

Il faut que je marque les esprits, se dit-il en s'élançant sur le gazon, avec le numéro 28 et le logo du Sporting sur le dos. Même dans ce maillot trop grand pour lui, il se sent invincible.

L'un des défenseurs du Betis réceptionne mal une passe ; c'est le signal que Ronaldo attendait. Il bondit sur lui, aussi vite que ses jambes peuvent le porter. Grâce à son habileté, il lui reprend la balle, avant de filer en direction du but. En le voyant arriver, le gardien sort de sa cage, mais Cristiano le dribble sans aucun problème. Il est maintenant excentré ; l'angle n'est pas idéal pour tirer du pied gauche, alors il ralentit, glisse le ballon à son pied droit et, d'une frappe enroulée qui passe au-dessus de la tête du dernier défenseur, trouve la lucarne.

Buuuuuuuuuuuuuuuuuuuuuuuuuuuuuuuuuut !!!

Quelle action, pour son premier but pour le Sporting ! L'adrénaline qui court dans ses veines lui donne presque l'impression de pouvoir voler. Rien n'est comparable à cette sensation. Il repère sa mère, au milieu de la foule, et la salue de la main avant de lui envoyer un baiser.

– Ce n'est que le début ! déclare-t-il à ses coéquipiers, qui le serrent dans leurs bras.

Peu de temps après, Cristiano renouvelle ses exploits dans le championnat portugais. Face à Moreirense, il reçoit la balle alors qu'il vient de pénétrer dans la moitié de terrain adverse. Alors il fait ce qu'il fait le mieux : il dribble tous les défenseurs et fonce droit vers le but. À la limite de la surface de réparation, il dribble le dernier défenseur d'un passement de jambe et, au moment où le gardien s'élance vers lui pour se saisir du ballon, il tire en cloche juste par-dessus lui.

Buuuuuuuuuuuuuuuuuuuuuuuuuuuuuuuuut !!!

Submergé par la joie, Cristiano enlève son maillot et le jette dans la foule. Dans les gradins, les fans du Sporting sont déchaînés ; ils ont un nouveau héros ! Celui-ci lève les yeux sur les tribunes où les supporters scandent son nom et se rend compte que son rêve est en train de devenir réalité : ça y est, il est en chemin pour devenir le meilleur footballeur du monde.

Avant le coup de sifflet final, Cristiano parvient même

à marquer une seconde fois, d'une tête sur un corner. Ce match restera gravé dans sa mémoire.

– Félicitations ! s'exclame Jorge Mendes après le match. Maintenant, toute l'Europe a le regard braqué sur toi ! L'Inter Milan, le Real Madrid, Manchester United... Tu pourrais choisir de jouer pour n'importe quel club, à présent.

Cristiano n'en croit pas ses oreilles. Difficile de se faire à l'idée que des équipes aussi prestigieuses veulent déjà le recruter. Il a toujours su qu'il possédait un talent hors du commun, mais il pensait qu'il lui faudrait au moins quelques saisons pour se faire un nom. En fin de compte, il ne lui aura fallu que quelques mois.

– Super ! Quand est-ce que je signe ? demande-t-il à Jorge.

– Attendons l'été, le temps de voir ce qu'on nous propose, lui répond son agent.

Cristiano est profondément reconnaissant au Sporting pour son soutien et ses enseignements, mais la Primeira Liga ne compte pas parmi les championnats de première importance sur la scène mondiale. Tous les meilleurs jouent en Italie, en Espagne ou en Angleterre, et c'est donc là-bas qu'il a envie de partir.

Cristiano ne débute pas tous les matchs du Sporting, mais dès qu'il pose le pied sur le gazon, les fans redoublent d'enthousiasme. Son talent surnaturel leur assure la victoire presque à tous les coups, et il a un don pour faire rêver son public. Face à Boavista, le score est de 1 partout et il ne reste plus que dix minutes. C'est le moment d'appeler Cristiano.

Il entre sur l'aile gauche, mais il n'est pas là pour jouer les seconds rôles. Quand le Sporting passe à l'attaque, il demande le ballon dans la surface, de sorte que, lorsque la passe arrive, il se retrouve seul en tête à tête avec le gardien. D'autres joueurs de son âge pourraient paniquer et tirer de toutes leurs forces, mais pas Cristiano. Il ralentit et prend son temps pour ajuster le gardien.

Buuuuuuuuuuuuuuuuuuuuuuuuuuuuuut !!!

Cette fois encore, Cristiano enlève son maillot pour se joindre aux célébrations des supporters. C'est lui, le super-remplaçant, l'arme secrète qui remporte tous les matchs.

– Je pense que je ne me fatiguerai jamais de marquer des buts, confie-t-il à sa mère. Et de gagner, bien sûr !

La fin de saison arrive, et Cristiano a disputé trente matchs pour le Sporting. Son jeu n'est pas encore parfaitement régulier, mais il n'est qu'un adolescent, et tout le monde se rend bien compte de son talent et de son potentiel. Jorge et lui s'entretiennent avec Arsenal, la Juventus, Valencia, Liverpool et Barcelone, mais son agent n'est pas pressé.

– Il vaut mieux attendre la proposition idéale, explique-t-il à la jeune star. À ton âge, tu ne voudrais pas te retrouver dans un gros club qui te paiera cher pour rester assis sur le banc des remplaçants. Il faut que tu puisses jouer !

Cristiano et Dolores partagent cet avis.

– Où est-ce que tu voudrais jouer ? lui demande l'agent.

– En Espagne ou en Angleterre, répond immédiatement Cristiano. Ce sont les deux plus grands championnats.

– Très bien. Alors on va patienter jusqu'au tournoi à Toulon.

Cristiano a été sélectionné pour faire partie de l'équipe portugaise des moins de vingt ans qui va se rendre en

France pour disputer le tournoi. Après son début décevant au championnat des moins de dix-sept ans, au Danemark, il est bien décidé à faire mieux pour la deuxième compétition internationale de sa carrière.

– On a une équipe solide, dit-il à ses camarades. Trouvez un moyen de me passer la balle, et je ferai en sorte qu'on gagne !

Encore une fois, il s'est imposé d'office comme meneur, et personne n'est venu lui contester cette place.

Leur premier adversaire est l'Angleterre. Cristiano sait que cela signifie qu'Arsenal, Manchester United et Liverpool s'intéresseront de très près à ce match, et à lui. Il est impatient de leur montrer tout ce qu'il est capable de faire.

– Celle-là, elle est pour Arsène Wenger ! plaisante-t-il avant le coup d'envoi.

Dès la première minute du match, il terrorise la défense anglaise. Son jeu de jambes ultrarapide et ses pointes de vitesse explosives font tourner la tête des défenseurs adverses, et aucun d'eux n'arrive à lui prendre le ballon. Leur seul espoir est de réussir à le faire tomber.

Finalement, Cristiano achève sa démonstration en marquant le troisième but de son équipe.

– Eh ben ! Tu as mis la barre très haut ! s'exclame Jorge.

Plus Cristiano joue, plus sa valeur aux yeux des clubs augmente.

Le Portugal termine premier de son groupe, avant d'écraser l'Italie 3 à 1 en finale. C'est l'Argentin Javier Mascherano qui remporte le trophée du « meilleur joueur » du tournoi Maurice-Revello, mais Cristiano n'est pas loin derrière lui.

Le lendemain, les journaux publient des photos de l'équipe gagnante ; sur l'une d'elles, un joueur se tient torse nu devant le reste de l'équipe, les bras levés en signe de victoire. Oui, c'est Cristiano, qui se comporte déjà en superstar.

Chapitre 11

MANCHESTER UNITED

À l'époque, Carlos Queiroz est le manager assistant de Manchester United mais, bien des années auparavant, il a été celui du Sporting Lisbonne. Même s'il n'est pas chargé de recruter de nouveaux joueurs, il garde toujours un œil vigilant sur le football portugais. Lorsqu'il voit jouer Cristiano pour la première fois, il en parle immédiatement à sir Alex Ferguson.

– En ce moment, il y a un jeune ailier qui est train de mettre le feu à la Primeira Liga. Il faut absolument que vous alliez le voir. Il est incroyable. D'après ce qu'on en dit, il pourrait devenir encore meilleur que Figo.

Ferguson envoie alors l'un de ses recruteurs pour observer

Cristiano, et son émissaire revient en livrant la même conclusion :

– Il faut que vous engagiez ce garçon, et vite, avant qu'un autre club ne le signe !

United propose d'abord au Sporting de racheter le contrat de Cristiano et de le lui prêter encore pendant un an, mais le club portugais désire conserver sa jeune superstar aussi longtemps que possible.

– On n'abandonnera pas si facilement, promet Ferguson à Carlos.

En août 2003, le transfert de David Beckham au Real Madrid libère un poste chez United, et ils ont besoin d'une vraie pointure. Ferguson veut engager Ronaldinho, la star brésilienne, mais c'est Barcelone qui réussit à le signer. United veut attirer un jeune attaquant bourré de talent, et Carlos est persuadé que Cristiano est le parfait candidat.

Le Sporting est justement sur le point d'inaugurer son nouveau stade, et les gérants du club invitent Manchester United à y jouer un match amical. Après une longue tournée aux États-Unis, l'équipe est fatiguée, mais Carlos et Ferguson décident que ce sera une excellente occasion de voir Cristiano à l'œuvre et peut-être même de finaliser un accord pour le recruter.

– Nous avons reçu beaucoup d'offres de la part d'un tas de clubs différents, leur confie Jorge, le soir de la veille du match. Que pouvez-vous offrir à Cristiano de plus que les autres ?

– On le fera jouer et on s'occupera de lui, se contente de répondre Ferguson avec assurance.

Le manager de United a une excellente réputation quant à sa capacité à développer le talent de ses joueurs.

Jorge a le sentiment que ce serait le choix idéal pour la carrière de son jeune client, et Cristiano est ravi, lui aussi. Cela fait des années qu'il suit Manchester United à la télévision, et jouer pour ce club serait la réalisation d'un rêve. Il ne reste plus qu'à fixer le montant du transfert, et ce sera chose faite.

Cristiano est terriblement impatient d'arriver enfin au grand match, et il est bien décidé à ne pas laisser ses futurs coéquipiers – des stars comme Ryan Giggs, Rio Ferdinand et Ruud van Nistelrooy – repartir du Portugal sans avoir retenu son nom. Mais, plus que tous les autres, c'est Ferguson qu'il cherche à impressionner.

– Je vais leur montrer toutes les manœuvres que j'ai dans mon répertoire, annonce-t-il à son camarade, Toñito, pendant qu'ils s'échauffent.

– Eh ben, tu en as tellement ! Tu es sûr que ça va te suffire, quatre-vingt-dix minutes ? réplique l'Espagnol. Je suppose que ça veut dire que je ne peux pas espérer beaucoup toucher le ballon, ce soir !

Pour cette rencontre, l'arrière droit de Manchester est John O'Shea. Au premier coup d'œil à l'ailier gauche portugais, qui arbore des mèches blondes, des chaussures aux couleurs éclatantes et son maillot « RONALDO », l'Anglais se dit : *Ce gamin se prend vraiment pour une vedette !*

Si Cristiano est grand, il est aussi tout maigre. O'Shea ne se fait donc pas de souci ; il croit pouvoir utiliser sa force pour le bloquer.

Il se trompe. Cristiano est fulgurant, intrépide, et bien plus costaud qu'il n'en a l'air. Il sprinte sans arrêt à travers la défense adverse, et à chaque fois qu'il récupère la balle, c'est pour partir à toute allure en dribble vers la cage. Son contrôle de balle est exemplaire et ses passements de jambe sont exécutés à une vitesse stupéfiante. O'Shea ne sait plus quoi faire : s'il essaie de repousser Cristiano vers l'extérieur, celui-ci s'en moque et se sert de son pied gauche pour remonter l'aile ; s'il essaie de le faire aller au centre, cela convient également à Cristiano, puisqu'il dribble tout aussi bien du pied droit !

– Rio ! appelle O'Shea. J'ai besoin d'aide, ici !

Jouer contre ce garçon est un véritable cauchemar.

En plus, les coéquipiers de Cristiano ne cessent de lui faire des passes. Ce n'est toutefois pas lui qui marque leur premier but ; il se contente d'une habile passe décisive. Il est tout simplement trop bon. Lorsqu'il échappe encore à O'Shea en propulsant le ballon devant lui, la seule chose que peut faire le défenseur, c'est jeter Cristiano à terre en commettant une faute.

– Allez, Sheasy ! s'énerve Paul Scholes. Il faut que tu le colles plus ! C'est quoi, le problème ?

– C'est pas ma faute, répond O'Shea. Ce gamin est incroyable !

À chaque nouvelle action de Cristiano, le public pousse des rugissements de joie. United a beau avoir remporté tous ses matchs de présaison, le Sporting est en train de les faire passer pour des rigolos.

Giggs, remplaçant pour United, était bien content à

l'idée de passer le match à se détendre sur le banc, mais dès que Cristiano commence à faire étalage de son talent, il se réveille et l'observe attentivement. Lui aussi, il sait reconnaître un ailier au talent magique quand il en voit un.

– Waouh ! Qui c'est, celui-là ? demande-t-il à Queiroz.

L'assistant manager esquisse un sourire.

– Cristiano Ronaldo.

Lorsque l'arbitre siffle la mi-temps, les joueurs de United sont aussi choqués qu'épuisés. Cela faisait bien longtemps qu'ils n'avaient pas été malmenés de cette façon par un joueur aussi doué. Cristiano est la star du show, et aucun d'eux n'y peut rien.

– Il faut absolument qu'on le récupère, patron, plaide Roy Keane.

– Ne vous en faites pas, tout est arrangé, le rassure Ferguson.

Pendant la deuxième période du match, Cristiano poursuit sa démonstration, mais Ferguson ne le regarde même plus : il est trop occupé à s'assurer que cette étoile montante deviendra la prochaine superstar de United.

– On ne partira pas tant qu'on n'aura pas obtenu sa signature, annonce-t-il à Carlos.

– Génial. C'est ce que j'espérais vous entendre dire ! lui répond son assistant.

Comme le Real Madrid propose dix millions d'euros, United commence par en offrir onze, puis quatorze, pour ne pas risquer de passer à côté de ce joueur. Le Sporting demande à conserver Cristiano pour une ultime saison, mais Ferguson ne veut plus attendre.

– Cristiano est prêt à jouer pour nous, maintenant, insiste-t-il.

En fin de compte, le club portugais n'est pas de taille face au prestige et à la fortune de Manchester United. Ils sont tristes de le voir partir si tôt dans sa carrière, mais il est désormais temps pour Cristiano de changer d'environnement.

– On y est presque ! murmure Ferguson à Carlos.

Après le match, les joueurs de United prennent une douche. Mais au moment de retourner à l'hôtel, l'entraîneur les fait patienter pendant des heures devant le stade.

– Mais pourquoi on est toujours là ? s'impatiente Ferdinand. Je veux rentrer !

– Ils sont en train de faire signer un contrat à Ronaldo, lui répond Giggs.

– Ah, d'accord ! Dans ce cas, ça vaut le coup d'attendre !

Chapitre 12

ARRIVÉE À OLD TRAFFORD

– Ça, c'est la belle vie ! s'exclame Cristiano en s'appuyant contre le dossier de son fauteuil.

Manchester United leur a envoyé un jet privé, à lui et à sa famille, pour les emmener à Manchester.

– Tu te souviens, maman ? Je t'avais dit que le jour où je commencerais à faire du football professionnel, tu n'aurais plus jamais besoin de travailler. Et j'avais raison !

Dolores sourit.

– Merci ! Ce n'est pas encore dans la poche, mais je suis tellement fière de toi, mon fils...

Lorsqu'ils atterrissent en Angleterre, Ferguson se charge personnellement de faire visiter à Cristiano les installations du club à Carrington. Tous les terrains sont impeccables, et leur salle de sport est gigantesque, équipée de toutes les machines dernier cri.

– Je ne pourrais pas vivre ici, plutôt ? plaisante le jeune homme. C'est encore mieux que l'hôtel !

Pendant la visite, ils croisent John O'Shea, qui se remet à peine de sa rencontre épuisante avec Cristiano. L'Anglais se réjouit que le jeune homme devienne un membre de son équipe et qu'il ne soit plus l'un de ses potentiels adversaires.

– Et quand comptes-tu me payer pour ma performance d'acteur ? plaisante O'Shea. Sans moi, tu ne serais peut-être pas là !

Cristiano ne parle pas un mot d'anglais, mais en entendant la traduction, il sourit. Il est content de constater que les joueurs de United ont le sens de l'humour.

Une fois son contrat signé, il se prépare à rentrer au Portugal.

– Donc, je vais quitter le Sporting à la fin de la prochaine saison, c'est ça ? demande-t-il.

Ferguson fait « non » de la tête.

– Non, tu intègres Manchester United dès maintenant.

La nouvelle surprend Cristiano.

– Mais je n'ai même pas pris de valise ! Ni de vêtements de rechange !

– Ne t'en fais pas, tu pourras rentrer à Lisbonne pour prendre tes affaires plus tard dans la semaine.

D'abord, il faut présenter Cristiano aux médias, en même temps que l'autre nouvel arrivant à United, le milieu brésilien Kléberson.

– Alors, quel maillot voudrais-tu porter ? demande Ferguson à Cristiano sur le chemin d'Old Trafford.

– Au Sporting, j'avais le numéro 28, indique le jeune homme. Il est libre ?

– Oui, mais j'ai une meilleure idée, réplique son nouveau manager. Je veux que tu sois notre numéro 7 !

Cristiano vient tout juste d'arriver à Manchester mais, comme tout le monde, il connaît les noms des joueurs fantastiques qui ont porté par le passé le maillot numéro 7 du club : David Beckham, George Best, Éric Cantona… et maintenant, Cristiano !

– Vous êtes sûr ?

Ferguson répond par un éclat de rire.

– Je me rends bien compte que tu ne doutes pas de tes capacités ! Je pense que tu pourras supporter la pression.

Et c'est vrai ; la plupart des jeunes de United se montrent assez timides et respectueux en présence de légendes comme Giggs, Keane et Scholes, mais pas Cristiano. Non seulement il se rend à l'entraînement dans des vêtements voyants et en affichant un air très confiant, mais il traite les joueurs seniors comme des égaux.

– Heureusement qu'on sait déjà à quel point il est bon, remarque Gary Neville. Sinon il ne ferait pas long feu !

Les joueurs de United adorent se moquer les uns des autres et se jouer des tours. Vaniteux comme il est, Cristiano devient immédiatement une cible de choix. Pour ses coéquipiers, c'est un moyen de s'assurer qu'il ne prend pas la grosse tête.

– On t'a vraiment fait payer pour ce pull ? Il est hideux !

– Ici, c'est un terrain d'entraînement, pas une boîte de nuit, Ronnie !

– Vous n'avez pas de jeans moins serrés, au Portugal ?

– Il faut vraiment que tu fasses quelque chose, pour ces mèches blondes…

– Beckham nous a dit qu'il voulait bien te prêter son maillot, mais seulement jusqu'à ce qu'il revienne !

Cristiano ne se laisse pas atteindre par leurs boutades

– ils riront moins quand il deviendra le meilleur joueur du monde. Et en dépit des remarques, il ne change rien : ni ses vêtements, ni ses cheveux, ni son inébranlable confiance en lui-même. Il a son propre style, dont il est très content, et c'est tout ce qui lui importe.

À l'entraînement, Cristiano ne se lasse jamais de faire étalage de son habileté. Il regarde quantité de vidéos sur Internet et s'entraîne ensuite à imiter les gestes techniques qu'il y voit, jusqu'à atteindre la perfection. C'est amusant, mais il va parfois un peu trop loin. Souvent, quand il essaie de placer un sixième passement de jambe d'affilée, Scholes ou Kean en profitent pour lui rentrer dedans.

Il finira par apprendre, se dit Ferguson en l'observant depuis le bord du terrain.

Et puis sa jeune star ne se plaint pas ; elle se contente de se relever et de reprendre le jeu.

Cristiano espère avoir le temps de rentrer à Lisbonne pour récupérer ses affaires, mais son manager vient le voir avec une nouvelle importante.

– Tu seras sur le banc pour le match contre Bolton.

Le jeune homme est ravi : il y a de fortes chances

qu'il puisse jouer le tout premier match de la saison avec United.

Giggs marque sur un superbe coup franc, mais au bout de soixante minutes, le score reste bloqué à 1-0. Le public d'Old Trafford en veut plus. Cristiano, lui, meurt d'envie d'impressionner les fans. Enfin, on l'appelle pour lui dire de s'échauffer !

Tandis qu'il termine ses étirements, il peut déjà sentir l'adrénaline parcourir son corps. Pour cette occasion spéciale, il a enfilé des chaussures argentées, et il est prêt à faire scintiller ses pieds fulgurants. En le voyant s'élancer sur le terrain, les supporters se lèvent de leurs sièges dans un tonnerre d'applaudissements.

Allez, on va leur donner une vraie raison d'applaudir ! songe Cristiano.

Ses deux premiers dribbles ne sont pas couronnés de succès, mais il ne fait que s'échauffer. Puis Kean lui fait la passe depuis la gauche. Deux défenseurs tentent de le bloquer, mais Cristiano les esquive avec l'agilité d'un danseur. Les fans de United bondissent des gradins, prêts à fêter un deuxième but, mais au moment où il rentre dans la surface de réparation, Cristiano glisse et perd le ballon.

– C'est pas de bol, mais continue ! l'encourage Giggs. Tu terrifies leurs défenseurs !

Cristiano court vers la cage, et Kean lui transmet un excellent ballon. Mais à l'instant où il pénètre dans la surface, un joueur adverse le jette au sol. Penalty !

– Beau boulot, Ronnie ! s'exclame Kean en lui donnant une bourrade amicale.

Le gardien arrête le tir de Ruud, mais grâce à Cristiano, les joueurs de United sont remontés à bloc. À chaque fois qu'on lui passe la balle, il file droit devant, pour mener l'offensive. Il est bien trop rapide et habile pour Bolton. Les fans l'adorent, et les commentateurs de la télévision aussi.

« Sensationnel ! »

« Ce gamin est un champion ! »

D'un centre, il permet à Giggs de marquer une deuxième fois. Lorsque sonne le coup de sifflet final, le score est de 4-0.

– Quel match ! le félicite Scholes. Si tu peux faire tout ça en trente minutes, qu'est-ce que ce sera avec trois fois plus de temps !

Et personne n'a plus hâte que Cristiano de donner la réponse à cette question au monde entier.

Chapitre 13

JOUER À L'ANGLAISE

– Arbitre, il simule ! s'écrie Gary Kelly en voyant Cristiano s'écrouler sur le sol dans la surface de réparation de Leeds United. Je ne l'ai même pas touché !

– Non, il y a penalty ! réplique Cristiano en hurlant.

Graham Poll secoue la tête et fait signe de reprendre le jeu. Ça ne fait qu'un ou deux mois que Cristiano joue en Premier League, mais il s'est déjà fait une réputation, à force de finir à terre un peu trop souvent.

Quelques minutes plus tard, il dribble à nouveau en direction de Kelly et, cette fois encore, s'effondre au moment de pénétrer dans la surface.

– Penalty ! s'écrie-t-il encore une fois.

Mais lorsqu'il relève la tête, c'est pour se trouver face

à un carton jaune, attribué par l'arbitre pour simulation. Cristiano n'en croit pas ses yeux.

– Qu'est-ce que je peux y faire ? s'indigne-t-il auprès de Ferguson après le match. Il y avait vraiment faute !

– Il faut que tu prennes de la masse et que tu sois plus stable sur tes appuis, lui explique le manager. Ici, le football est plus physique qu'ailleurs en Europe.

C'est vrai qu'après son entrée spectaculaire sur la scène britannique, à Bolton, Cristiano rencontre maintenant des difficultés. Son habileté lui permet toujours de surpasser les défenseurs, mais les joueurs et les fans de United veulent des résultats plus concrets : des buts.

– À quoi lui servent tous ses tours de passe-passe, si ce n'est pas pour marquer ensuite ? se plaint Ruud. À chaque fois que Beckham récupérait la balle, il la centrait, et j'étais dans la surface, prêt à conclure avec une tête. Mais quand c'est Ronnie, il dribble pendant si longtemps que je ne sais jamais s'il va finir par faire la passe ou non.

– Il a juste besoin de plus de temps, le défend Giggs. Il n'a encore que dix-huit ans, il veut montrer ce qu'il a dans le ventre. Il apprendra.

Et Cristiano est justement au meilleur endroit pour

apprendre. Avec Gary derrière lui, sur la droite, et Kean juste à côté, en milieu, aucune erreur ne lui est pardonnée. S'il commet une erreur de marquage, ils le lui font remarquer dans l'instant. Et même quand United est loin devant au score, ils ne le laissent pas non plus faire n'importe quoi avec ses passements de jambe à répétition.

– C'était quoi, ça ? le sermonne Gary. Combien de fois on devra te le répéter ? On est là pour gagner !

– Mais on gagne déjà 4-0 !

– Peu importe ! 5-0, c'est mieux que 4-0 ! C'est comme ça qu'on réfléchit, à United.

Si ses camarades sont aussi durs avec lui, c'est parce qu'ils savent à quel point son potentiel est grand. Cristiano est extrêmement talentueux, mais il faut qu'il commence à jouer pour l'équipe, plutôt que juste pour lui-même. S'ils arrivent à tirer le meilleur de son jeu, United pourrait bien remporter tous les trophées.

– Souviens-toi : le plus important, ce sont les buts et les passes décisives, lui rappelle Rio avant chaque match. Ce n'est pas en faisant des gestes compliqués qu'on gagne des points.

Cristiano écoute attentivement toutes les recommandations

qu'on lui fait, mais ce n'est pas facile pour lui de changer de style. Depuis les matchs de rue à Madère, son habileté a toujours été son atout principal. Il adore se donner en spectacle, et quand il était au Portugal, il pouvait faire ce qu'il voulait tout en gagnant. En Angleterre, c'est une autre histoire.

– Les défenseurs ne font que me donner des coups, se plaint-il à sa mère. Comment je peux espérer me créer des occasions de but s'ils passent leur temps à me bousculer ?

– Quand tu étais à Funchal et que quelqu'un te faisait tomber, comment réagissais-tu ? lui demande Dolores.

– Je trouvais un moyen de ne pas me faire attraper, et je marquais, se rappelle Cristiano.

– Exactement ! Il faut que tu sois plus malin qu'eux.

Pour Cristiano, dans cette première saison de Premier League, il y a autant de bon que de mauvais. D'un côté, il marque son premier but officiel pour United, sur un coup franc stupéfiant contre Portsmouth ; de l'autre, il reçoit son premier carton rouge – face à Aston Villa, il s'est laissé déborder par la colère et a expédié la balle au loin d'un grand coup de pied.

– Non, mais tu te prends pour qui ? s'écrie Ferguson dans les vestiaires, après la rencontre.

L'entraîneur est une figure paternelle pour Cristiano : il le protège, mais quand c'est nécessaire, il est aussi là pour lui faire la morale.

– Tu as laissé tomber l'équipe, parce que tu ne penses qu'à toi !

À chaque fois que le manager lui passe un savon, Cristiano sèche vite ses larmes et fait de son mieux pour progresser. Ça fait partie de son évolution pour devenir le meilleur. En parallèle, il travaille plus dur que jamais avec le coach physique de United, Valter Di Salvo. Même quand tout son corps lui fait mal et qu'il dégouline de sueur, il n'abandonne jamais. Son double objectif : prendre de la masse au niveau du torse et des bras, pour mieux résister aux assauts des défenseurs, et muscler ses jambes, pour courir plus vite et les semer plus facilement.

– C'est ça ! le félicite Di Salvo après une nouvelle séance épuisante à la salle de sport. Tu es en train de devenir un véritable athlète.

Cristiano travaille aussi ses tirs. À la fin de l'entraînement, il prend un sac rempli de ballons et demande à l'un des gardiens s'il veut bien s'entraîner avec lui.

– Juste quelques coups francs, prétend-il.

Mais Tim Howard sait bien qu'il ment.

– C'est ce que tu as dit la semaine dernière, et ça a duré des heures !

– D'accord, dans ce cas, on s'arrêtera dès que j'aurai marqué trois buts.

– Alors on en a au moins pour deux heures ! le taquine Tim.

Cristiano lui renvoie un sourire plein d'assurance.

– Ah non ! Je m'améliore. Tu vas voir, je vais marquer !

Il fait cinq pas en arrière et un pas de côté, puis s'élance et frappe de toutes ses forces, avec le dessus du pied, pile sur la valve qui sert à gonfler le ballon. Celui-ci décrit une trajectoire courbée dans les airs et passe juste sous le bras du gardien en plein plongeon, au dernier moment. Une demi-heure plus tard, Cristiano a marqué une cinquantaine de coups francs.

– On peut arrêter, maintenant ? le supplie Tim. Ils ont probablement déjà verrouillé les portes !

– Juste trois de plus, promis ! répond Cristiano. J'en ai besoin, si je veux devenir le meilleur joueur du monde.

En fin de compte, United termine troisième de la Premier League, puis se qualifie pour la finale de la Coupe d'Angleterre, qui l'oppose à Millwall. C'est l'occasion pour Cristiano de remporter son tout premier trophée professionnel, et il est bien déterminé à achever sa première année sur une victoire. En entrant sur le terrain du Millenium Stadium de Cardiff, il se répète inlassablement les mots de Rio : « Le plus important, ce sont les buts et les passes décisives. »

Alors que la fin de la première mi-temps approche, United fait circuler la balle de gauche à droite en travers du terrain. Lorsque Gary la reçoit, il centre immédiatement dans la surface de réparation. Cristiano se rue en avant depuis l'aile, juste à temps pour propulser d'une tête le ballon dans la cage, sans que le gardien puisse l'empêcher.

Buuuuuuuuuuuuuuuuuuuuuuuuuuuuuut !!!

En un éclair, Cristiano enlève son maillot et se précipite vers les gradins pour fêter son but avec les fans.

– Allez ! rugit-il.

C'est un grand soulagement d'être le héros de Manchester United, pour une fois, plutôt que le mouton noir.

Au coup de sifflet final, les Diables rouges l'emportent 3 à 0. Cristiano n'arrête pas de sauter sur place, les bras passés autour des épaules de ses coéquipiers, tandis que Kean soulève la coupe dans les airs. Il se sent tellement bien, de faire partie de l'équipe et de contribuer à son succès.

Chapitre 14

TROUVER SON RYTHME

– Bienvenue à la maison ! Ça fait plaisir de te voir ! s'exclame Rui Jorge alors que les joueurs arrivent au camp d'entraînement portugais pour l'Euro 2004.

Cristiano est lui aussi bien content de retrouver un visage familier de ses années passées au Sporting. Après tout, il demeure encore un peu nerveux en présence de ses héros, Luís Figo et Rui Costa.

– Alors, c'est comment, l'Angleterre ? lui demande Rui Jorge.

– Il y fait toujours mauvais temps ! répond Cristiano. Je crois bien que je n'ai vu le soleil briller qu'une heure dans toute l'année. Ça fait du bien de rentrer !

Cette année, le championnat d'Europe a lieu au Portugal,

et le pays a formé une équipe de haut niveau, avec un mélange équilibré de joueurs expérimentés et de nouveaux arrivants. Même si l'équipe nationale n'a jamais remporté de trophée international, cette fois, tout le monde y croit.

Cristiano est tout aussi excité que ses compatriotes. À dix-neuf ans, il ne compte pas encore parmi les onze titulaires, mais il est déterminé à se faire remarquer en tant que remplaçant de luxe.

Lors du premier match contre la Grèce, il est appelé sur le terrain à la mi-temps, alors que le Portugal perd 0 à 1. Il faut absolument qu'il renverse le cours de la rencontre ! Cristiano commence par prendre en chasse deux joueurs grecs qui chargent droit devant eux. Il est en pleine forme et déborde d'énergie, mais au moment où le buteur pénètre dans la surface de réparation portugaise, Cristiano n'arrive pas à s'arrêter à temps et lui fait un croche-pied. Penalty !

Il tombe assis par terre, la tête dans les mains – quel départ catastrophique ! Pour réparer son erreur, Cristiano redouble d'efforts et, à la dernière minute, il saute aussi haut qu'il le peut pour tenter une tête sur un centre de

Luís depuis le corner. La balle vole droit jusqu'au fond du filet.

Buuuuuuuuuuuuuuuuuuuuuuuuuuuuuuut !!!

Ce but arrive trop tard pour remporter la victoire, mais Cristiano a tout de même impressionné le manager, Luiz Felipe Scolari. Plus tard, lorsqu'on l'appelle contre la Russie, c'est lui qui offre un but à Rui Costa.

– J'espère que je jouerai dès le début face à l'Espagne, confie-t-il à sa mère, au téléphone.

– Je suis sûre que ce sera le cas, répond Dolores. Ils vont avoir besoin de toi sur le terrain dès le coup d'envoi !

Comme sa mère l'a prédit, Cristiano fait bien partie des onze titulaires pour ce match, que le Portugal remporte 1-0. Ensuite, les voilà confrontés à l'Angleterre en quart de finale.

– Super ! J'ai hâte de jouer contre Gary et Scholes ! dit-il à Luís.

– Tu t'entraînes avec eux tous les jours, lui fait remarquer Luís. Il faut absolument que tu nous révèles tous leurs secrets !

Au bout de cent vingt minutes de match endiablé, il

est temps de passer aux penaltys. Cristiano est toujours sur le terrain, et rien ne lui fait peur.

– J'en prends un, annonce-t-il à Scolari avec assurance.

Il s'avance lentement vers le point de penalty, sous le regard attentif de ses coéquipiers, en rang le long de la ligne médiane. Aussi calme qu'à son habitude, il dépose le ballon au sol et recule en prenant son temps. Il se concentre sur le gardien face à lui, puis tire en pleine lucarne gauche, avant de revenir au petit trot vers ses camarades, le visage fendu d'un large sourire.

– On dirait que c'est tellement facile, pour toi ! s'exclame Rui Jorge.

– Mais ça l'est ! réplique Cristiano tandis que l'équipe se rassemble autour de lui pour fêter la victoire.

En demi-finale, contre la Hollande, il marque d'une tête bien placée et donne l'avantage au Portugal, qui remporte la victoire 2-1.

– On est en finale ! se réjouit Cristiano.

Ce sont alors les meilleurs moments de sa vie.

En finale, leur adversaire n'est autre que la Grèce, cette même équipe qui les a battus lors de leur premier match ! Le Portugal veut à tout prix prendre sa revanche, mais les choses ne se passent pas comme prévu. Pendant tout le match, ils stagnent à 0-1, et ni Cristiano ni ses camarades ne parviennent à égaliser.

Après le coup de sifflet final, le jeune homme n'arrive pas à retenir ses larmes. Ses coéquipiers font ce qu'ils peuvent pour le consoler, mais aucun d'eux ne réussit à le calmer, et il continue de pleurer. S'il y a bien une chose que Cristiano déteste, c'est perdre, et cette défaite est de loin la plus douloureuse de toute sa carrière.

– L'Euro reviendra vite, et tu le gagneras, lui assure Scolari en passant un bras autour de ses épaules.

De retour en Angleterre, Cristiano n'a toujours pas surmonté sa déception, mais débute une nouvelle saison de Premier League, à laquelle il doit se consacrer. Malheureusement, tout recommence comme avant :

– Fais la passe !

– Centre !

– Arrête de jouer perso !

Non seulement Cristiano ne marque pas assez de buts, mais il n'en offre pas non plus assez aux autres, ce qui soulève beaucoup de doutes et de questions. Faut-il en faire un ailier ou un attaquant ? A-t-il vraiment sa place dans la formation en 4-4-2 de United ? Est-il vraiment capable de s'adapter au style du club ? En dépit de ses moments de génie, il est encore loin d'être un joueur fiable.

– Je fais de mon mieux ! se désespère Cristiano devant Carlos, à la fin de la saison 2004-2005.

Il regarde même les vidéos de ses propres matchs pour repérer ses erreurs et s'améliorer. Que peut-il faire de plus ?

– Je sais, et tu progresses, lui répond l'assistant manager. Continue de travailler, et tout devrait bientôt s'arranger.

Alors que Cristiano est en Russie avec l'équipe portugaise, on vient frapper à la porte de sa chambre d'hôtel. C'est Scolari, accompagné de Luís, et rien qu'à l'expression de leurs visages, il devine que quelque chose de tragique est arrivé.

– Cristiano, j'ai une mauvaise nouvelle, lui annonce Scolari. Tu ferais mieux de t'asseoir. Je suis terriblement désolé… Ton père vient de mourir.

Cristiano demeure assis sur le lit, en silence, trop stupéfait pour parler ou montrer une quelconque émotion. Lui qui aimait tant son papa, il n'arrive pas à y croire.

– Je pense que tu devrais rentrer à la maison, pour être avec ta famille, lui suggère Scolari.

Mais, après y avoir réfléchi, Cristiano prend la décision de rester.

– Non, je veux jouer au football, déclare-t-il.

C'est le meilleur moyen d'échapper à ses pensées et aussi la chose qu'il aime le plus au monde. Et puis il sait que c'est ce que son père aurait voulu.

Pendant des mois, Cristiano éprouve toutes les difficultés du monde à se concentrer sur sa carrière. Pourtant, au fur et à mesure, son esprit de compétition finit par revenir. En quelque sorte, la mort de son père lui a fait prendre conscience de l'importance qu'il y avait à profiter de chaque instant. Il est temps de prouver à la Premier League qu'il a plus d'un tour dans son sac.

Contre Bolton, Wayne Rooney dribble dans la surface et passe la balle parallèlement à la cage. Cristiano sprinte depuis son aile et pousse le ballon dans le filet.

Buuuuuuuuuuuuuuuuuuuuuuuuuuuuut !!!

– Voilà, c'est tout de suite mieux, Ronnie ! le félicite Wayne tandis qu'ils fêtent l'action.

– Merci, Wazza ! répond Cristiano.

À deux, ils commencent à former un duo très efficace en attaque.

À la toute dernière minute de jeu, Cristiano fonce en direction de l'arrière gauche adverse. Il effectue un passement de jambe, puis un deuxième, puis un troisième… Ses pieds bougent tellement vite que le défenseur en a la tête qui tourne, et Cristiano en profite pour couper vers l'intérieur et shooter du pied gauche dans le coin inférieur.

Buuuuuuuuuuuuuuuuuuuuuuuuuuuuuuuut !!!

Dans les gradins, les fans de United se sont tous levés pour l'applaudir et l'acclamer de toutes leurs forces. Quand Cristiano joue bien, ils l'adorent !

Maintenant qu'il a retrouvé sa confiance en lui, il enchaîne les buts : deux contre Fulham, deux contre Portsmouth, un contre Charlton, puis un contre Wigan, en finale de la Coupe de la Ligue.

– Eh ben ! Tu joues comme une superstar, maintenant ! le félicite Ferguson tandis que United fête cette nouvelle victoire.

Cristiano continue de provoquer les défenseurs en dribblant et de jouer avec le ballon, mais il s'est nettement amélioré dans ses prises de décision. Il sait notamment quand tirer et quand passer. Enfin, il a atteint l'objectif final le plus important : les buts et les passes décisives.

Et il n'est encore qu'à l'aube de ses jours de gloire.

Chapitre 15

L'ENNEMI PUBLIC NUMÉRO 1

– Je suis désolé, Wazza, s'excuse Cristiano, debout devant la porte des vestiaires de l'équipe anglaise.

Il dégouline encore de la sueur du match, mais il a absolument besoin de s'expliquer le plus vite possible avec le joueur anglais.

– Je ne voulais pas que ça se termine comme ça, mais j'ai fait ce que je devais faire pour gagner.

C'est la Coupe du monde 2006, en Allemagne, et le Portugal vient tout juste de vaincre l'Angleterre en quart de finale. Cristiano a joué un rôle crucial dans la décision d'exclure du terrain son camarade de Manchester United et adversaire dans ce tournoi. Lorsque Wayne a blessé le défenseur Ricardo Carvalho, Cristiano a été parmi les premiers à aller se plaindre auprès de l'arbitre, avant d'être écarté par Wayne et ses autres coéquipiers, Rio et Gary. Quelques instants plus tard, la superstar anglaise a reçu un carton rouge.

– Je comprends, rétorque Wayne, toujours furieux.

Il n'arrive pas à se débarrasser de la sensation d'avoir été trahi par son ami.

– Après tout, j'ai essayé de te faire éliminer pour simulation pendant la première mi-temps, ajoute l'Anglais.

– Mais pourquoi ce clin d'œil ? s'indigne Rio, qui a remarqué qu'au moment où Wayne sortait du terrain, Cristiano a fait un clin d'œil à l'un des entraîneurs portugais. C'était pas cool ! C'est ce que tu voulais depuis le début ? Déstabiliser Wazza ?

– Mais non ! Je vous promets que ça n'avait rien à voir ! se défend Cristiano. Il voulait que je me positionne plus vers l'avant, et je lui ai fait un clin d'œil pour lui dire que j'avais compris.

Rio acquiesce. Il est indispensable qu'ils surmontent vite ce conflit, avant que la situation ne dégénère et n'ait des répercussions sur l'ambiance au sein du club.

– Enfin, les fans vont sacrément t'en vouloir pendant

un bon moment, après ça, reprend Wayne. Il faut qu'on fasse comme si de rien n'était entre nous, mais je pense que ton été ne va pas être de tout repos.

Après la défaite du Portugal face à la France, en demi-finale, le tournoi est terminé pour Cristiano. Il est nommé parmi les meilleurs jeunes joueurs de la Coupe du monde, mais ça n'est qu'une maigre consolation. Après de courtes vacances, il a peur de rentrer à Manchester ; sur Internet, il a vu beaucoup d'Anglais porter des tee-shirts « Je déteste Ronaldo », et de nombreuses lettres de menaces l'attendent.

– Je ne sais pas si je peux vraiment y retourner, explique-t-il à Jorge. Est-ce que j'ai d'autres options ?

– Si jamais tu décides que tu dois t'en aller, le Real Madrid et le Barça seront tous les deux intéressés, lui répond son agent. Mais je pense que tu devrais rester.

Cristiano estime qu'il serait bien plus facile de quitter Manchester et de recommencer sur de nouvelles bases en Espagne, mais Ferguson lui rend visite au Portugal, dans l'espoir de le faire changer d'avis.

– Je te connais, gamin, et je sais à quel point tu es courageux, dit le manager. Tu n'avais que douze ans quand tu as quitté Madère et seulement dix-huit quand tu as quitté le Portugal. Mais quitter United maintenant, ce serait le contraire d'un acte courageux. Reste avec nous !

Ferguson insiste :

– Regarde, après son carton rouge contre l'Argentine, en 1998, Beckham était devenu l'ennemi public numéro 1 en Angleterre. C'était affreux ! Mais il a choisi de ne pas fuir, et les choses n'ont pas tardé à revenir à la normale. Pour devenir un champion, il faut aussi savoir encaisser ce genre de coups, et je sais que tu es assez courageux pour y arriver.

Après réflexion, Cristiano décide de rester et garde la tête haute. Il a un fort caractère et, plus que jamais, il doit le prouver au public d'Old Trafford. Grâce au soutien du club, il a l'intention de faire taire les critiques.

Wayne et Cristiano discutent et finissent par se réconcilier.

– Ronnie, on veut tous les deux la même chose, résume Wayne. Gagner la Premier League. Et si on travaille ensemble, on réussira !

Pour s'assurer qu'il ne subsiste pas de tensions au sein

de l'équipe, les joueurs de United ne manquent pas une occasion de faire des blagues.

– Je vous ai laissé deux paires de gants de boxe au vestiaire, plaisante Giggs avec un large sourire. Juste au cas où vous en auriez besoin !

Dans cette ambiance positive et amicale, Cristiano est prêt à commencer la saison qui lui permettra de percer. Tous les jours, il suit un emploi du temps strict : il se couche et se lève tôt, suit un régime sain sans alcool et pauvre en graisses, et fait, le soir avant d'aller dormir, soit du vélo, soit de la natation. Désormais, il n'a plus rien du fanfaron maigrichon qu'il était à son arrivée sur la scène du football anglais. Il est plus âgé, mieux entraîné, plus rapide et plus fort.

Avec de jeunes joueurs talentueux comme Cristiano et Wayne dans l'équipe, en plus de professionnels expérimentés comme Giggs, Scholes, Gary et Rio, United a retrouvé la recette du succès.

– Chelsea n'a qu'à bien se tenir, lance Gary, le capitaine. On veut récupérer notre titre de champion !

Dès que Cristiano entre sur le terrain pour le premier

match de la saison, les fans de Fulham se mettent à le huer. Il sait qu'il va devoir s'y faire !

– Contente-toi de les ignorer, l'encourage Scholes. On a un match à gagner !

Au bout d'à peine quinze minutes, United mène 3-0. Wayne récupère la balle sur l'aile gauche et lève la tête. Cristiano l'appelle pour la lui réclamer, tout en remontant l'aile droite à toute vitesse. Wayne centre impeccablement et Cristiano, très calme, place un tir superbe qui échappe au gardien.

Buuuuuuuuuuuuuuuuuuuuuuuuuuuuuuuuuu uuuuuuuuuuuuuuuuuuut !!!

Alors que le jeune homme va saluer les supporters, Gary vient et serre Cristiano dans ses bras, montrant ainsi qu'il lui pardonne. C'est un tel soulagement de voir que la situation s'est apaisée entre eux ! À présent, la seule chose qui les préoccupe, c'est de gagner des trophées. Une fois de plus, ils sont unis.

– Merci ! Ça, c'est du travail d'équipe ! lance Cristiano à Wayne tandis qu'ils célèbrent l'action ensemble.

Pendant la seconde mi-temps, Cristiano fait la passe à Wes Brown, qui centre en direction de Wayne, qui tire dans le petit filet. 5-1 ! United joue divinement bien, en exploitant des tactiques d'une grande simplicité.

– Je sens que cette saison va être fantastique ! prédit Wayne.

Chapitre 16

CHAMPIONS D'ANGLETERRE

Alors que la saison 2006-2007 commence, le duo Cristiano-Wayne fonctionne à merveille. Lorsque l'un a des difficultés, l'autre est toujours là pour rattraper le coup et marquer à sa place. Et quand ils sont tous les deux au sommet de leur forme, United est carrément invincible.

– C'est le meilleur début de saison qu'on ait jamais connu ! dit Gary à ses coéquipiers.

Ils viennent tout juste de remporter le derby de Manchester, 3-1 contre City, et, une fois de plus, Wayne et Cristiano ont tous les deux marqué.

– On a 9 points d'avance sur tout le monde, et Noël n'est même pas encore passé !

Face à Aston Villa, Wayne reste sur le banc ; Cristiano va devoir faire des prouesses seul, mais il est prêt à assumer cette responsabilité. Dans le camp adverse, les supporters continuent de le huer et les joueurs de le bousculer, mais cela ne fait que renforcer sa détermination et sa soif de victoire. Pendant la première mi-temps, il multiplie les occasions, mais à chaque fois le tir passe à côté ou le gardien arrête la balle.

– Ce n'est qu'une question de temps, on va bientôt marquer, assure Ferguson à l'équipe pendant la mi-temps. Continuez d'attaquer et de tirer au but !

Cristiano n'en demandait pas plus. Il se trouve dans sa moitié de terrain lorsqu'il reçoit la balle. Immédiatement, il dribble en direction des défenseurs de Villa. Il court si vite que les deux premiers n'arrivent pas à le rattraper, et il est trop agile pour les deux suivants. Quand il passe à l'offensive de cette façon, impossible de faire quoi que ce soit. Il déclenche son tir aux abords de la surface, le gardien repousse, mais la balle rebondit jusqu'aux pieds de Ronaldo, qui shoote à nouveau. Le ballon file en pleine lucarne.

Buuuuuuuuuuuuuuuuuuuuuuuuuuuuuuut !!!

Cristiano lève les poings en l'air, avant de se retourner vers les fans et de poser les mains sur ses hanches. Il n'a jamais été aussi bon de toute sa vie, et tout lui semble facile !

– Super but, Ronnie ! s'exclame Rio en se précipitant vers le héros pour le serrer dans ses bras.

Au cours de la dernière semaine de décembre, Cristiano marque six buts en trois matchs ; parfois en effectuant des tirs magnifiques, parfois en se contentant de pousser nonchalamment le ballon dans la cage.

– Eh ben ! Tu es en train de devenir un véritable buteur ! le félicite Ole Gunnar Solskjaer. Au début, je pensais que tu étais un ailier, mais tu as vraiment le don d'être toujours au bon endroit au bon moment.

– Merci ! répond Cristiano.

C'est génial de recevoir ce genre de compliments de la part d'un des plus grands scoreurs de Manchester United.

Et puis non seulement Cristiano marque plus de buts que jamais, mais ceux qu'il marque sont décisifs. En fin de compte, la Premier League se joue presque exclusivement entre deux clubs : United et Chelsea. Ce dernier a un peu de retard, mais United ne peut pas se permettre de laisser l'écart se réduire. Vers la fin d'un match à l'extérieur, à Fulham, les Diables rouges sont à égalité, 1-1, alors qu'il ne reste plus que quelques minutes de jeu.

Cristiano récupère la balle sur l'aile gauche et fonce vers le but. Un défenseur tente de le tacler, mais il l'esquive sans problème. Les supporters de United se sont tous levés ; Cristiano va-t-il encore les sauver ? Il pénètre dans la surface de réparation et un autre défenseur s'interpose. Par le passé, il aurait enchaîné les passements de jambe, pour faire reculer le défenseur. Mais, au lieu de cela, Cristiano place un tir rapide, au ras du sol, qui rentre dans l'angle inférieur.

Buuuuuuuuuuuuuuuuuuuuuuuuuuuuuut !!!

C'est lui qui remporte le match pour United ! Cristiano pointe du doigt le banc des remplaçants du club, avant de s'élancer vers ses camarades. Leur esprit d'équipe est tellement fort qu'ils n'abandonnent jamais. En quelques secondes, Cristiano se retrouve au milieu d'eux pour une accolade collective. Chacun sait à quel point cette victoire est cruciale.

– Je retire tout le mal que j'ai pu dire à ton sujet,

lui lance Gary avec un large sourire. Tu es un vrai champion, maintenant !

United se rapproche du titre, mais il leur faut encore prendre 3 points dans le derby de Manchester. L'atmosphère est électrique dans le stade adverse ; partout, les fans de City agitent leurs écharpes bleues et blanches au-dessus de leurs têtes. Par-dessus tout, ils tiennent à empêcher leurs rivaux locaux de remporter le titre.

Cristiano a l'habitude de se faire huer et insulter, et il s'en fiche. Il en faut plus pour l'atteindre. La seule chose qui compte à ses yeux, c'est de gagner la Premier League.

Dès le début du match, il se fait tacler et jeter à terre, et Michael Ball, le défenseur de City, lui écrase la poitrine avec son pied. À l'agonie, Cristiano se tord de douleur au sol, mais l'arbitre n'a rien vu. Dans ses jeunes années, une telle injustice aurait pu faire commettre au garçon une bêtise, mais, à présent, il est bien plus mature.

– Ne t'en fais pas, dit Cristiano à Wayne en se relevant. Je me vengerai en marquant un but.

Quelques minutes plus tard, pendant la première mi-temps, Cristiano reçoit une passe sur le côté droit de la surface de réparation. Il est face à face avec Ball, et ce genre de duel est ce qu'il préfère. Le défenseur est dans de sales draps. Cristiano fait un passement de jambe, qu'il enchaîne avec un deuxième. Alors qu'il fait glisser la balle vers son pied droit, Ball lui fait un croche-pied. Penalty !

C'est Cristiano qui prend ses responsabilités. Derrière la cage, les fans de City se lèvent et font tout leur possible pour le déconcentrer, mais il reste de marbre et prend le gardien à contre-pied.

Buuuuuuuuuuuuuuuuuuuuuuuuuuuuuuuut !!!

Tandis que Cristiano regagne son poste pour reprendre le match, il n'y a pas l'ombre d'un sourire sur son visage. La bataille n'est pas encore terminée. Ce n'est qu'après le coup de sifflet final qu'il s'autorisera à se détendre.

Demain, à moins que Chelsea ne batte Arsenal, United sera champion.

– Allez, Arsenal ! hurle Cristiano devant son téléviseur.

Il regarde le match à la maison, en compagnie de son beau-frère, Zé. Quand la rencontre s'achève sur un score de 1-1, les deux hommes, au comble de la joie, se prennent dans les bras.

– On est champions ! jubile Cristiano.

Il meurt d'impatience de soulever le trophée.

Les célébrations ont lieu à Old Trafford, le tout dernier jour de la saison. Et même si, ce jour-là, United perd 0 à 1 contre West Ham, ça n'a pas d'importance. Les supporters portent des banderoles sur lesquelles on peut lire « On a récupéré notre trophée ! » ou encore « Ronaldo : meilleur du monde ».

C'est le plus beau jour de la vie de Cristiano. Enveloppé dans un drapeau portugais qu'il porte comme une cape, il court partout en aspergeant ses coéquipiers de champagne. Ensemble, ils viennent de réaliser leur rêve.

« Campeones, campeones, olé olé olé ! »

Et Cristiano est aux anges de pouvoir partager ce moment très spécial avec sa mère. Dolores le rejoint même sur le terrain pour saluer les fans. Ils ont traversé bien des épreuves, mais, en fin de compte, cela en valait la peine.

– Quelle saison ! s'émerveille Dolores en essuyant ses larmes.

Elle est infiniment fière de son fils. Cristiano a remporté non seulement la Premier League, mais aussi le trophée PFA du meilleur joueur de l'année et celui du meilleur jeune joueur !

– Oui, mais on peut faire encore mieux, réplique-t-il.

Pour lui, il y a toujours moyen de faire mieux.

– Maintenant, c'est la Ligue des champions, que je veux remporter !

Chapitre 17

LE DOUBLÉ

– Alors, comme ça, tu veux devenir le meilleur joueur du monde ? demande à Cristiano René Meulensteen, l'entraîneur adjoint de l'équipe première de United.

Suspendu pour trois matchs, suite à un carton rouge contre Portsmouth, Cristiano a du temps pour s'entraîner tout seul et, comme toujours, il a soif d'apprendre de nouvelles choses.

Il acquiesce avec aplomb. C'est son objectif depuis l'âge de cinq ans.

– Très bien, alors je pense que je peux t'aider à y arriver.

Ensemble, ils analysent toutes les forces et les faiblesses de Cristiano. D'abord, ils tombent d'accord sur le fait que sa technique, sa force physique, sa vitesse et sa réactivité sont excellentes.

– Très bien. Passons maintenant aux points faibles, poursuit Meulensteen. Ce n'est pas aussi grave qu'avant, mais je pense que tu pourrais encore faire des efforts en ce qui concerne le jeu en équipe. Penses-y ainsi : quand tu te lances dans une action, demande-toi si tu es en train de faire ça pour aider ton équipe ou simplement pour te la jouer.

Encore une fois, Cristiano songe au conseil de Rio au sujet des buts et des passes décisives. Oui, il a encore de la marge pour s'améliorer.

– Il va falloir que tu te fixes des objectifs très élevés, cette saison, lui dit son coach. La saison dernière, tu as marqué vingt-trois buts.

– Oui, c'est mon record personnel, se vante Cristiano.

– C'est bien, mais tu peux en marquer beaucoup plus. Souviens-toi qu'il n'est pas nécessaire que ce soient des prouesses techniques à chaque fois ! Quel est ton objectif pour la saison ?

Cristiano y réfléchit pendant une minute.

– Trente buts, je dirais.

Meulensteen secoue la tête.

– Non, il faut que tu vises plus haut que ça. Je veux que tu en marques plus de quarante !

Cristiano s'entraîne alors à tirer selon différents angles, pour simuler plusieurs situations : des tirs à courte portée, avec un angle important, ou encore très loin de la cage.

– Est-ce que c'était vraiment utile de contrôler la balle, là ? lui demande Meulensteen. Tu aurais pu frapper à la volée !

Avant que Cristiano ne tire, il l'interroge systématiquement :

– Quel coin vises-tu, cette fois ?

– Inférieur gauche, répond le jeune homme.

Il imagine la trajectoire de la balle jusqu'au fond du filet et, dès qu'il reçoit la passe, il vise et l'envoie exactement là où il voulait qu'elle aille.

– Bravo, le félicite Meulensteen en applaudissant ses progrès.

Les entraînements sont couronnés de succès : en février, Cristiano a déjà marqué vingt-sept buts.

– Qu'est-ce que je te disais ? lui rappelle son coach en souriant. Maintenant, on vise les quarante !

Néanmoins, à la suite de quelques matchs ratés, United redescend à la deuxième place du championnat.

– Ce n'était pas suffisant ! enrage Ferguson en criant sur ses joueurs après une défaite dans le derby contre Manchester City. Vous êtes en train de tout gâcher !

Pour Cristiano, hors de question de laisser le titre leur échapper. Il a encore envie de remporter des trophées, et il pousse ses coéquipiers à faire plus d'efforts et à améliorer leur jeu. Au cours des huit matchs suivants, il montre l'exemple en marquant neuf buts au total, et United parvient à reprendre la place de leader. Contre Bolton, Ferguson fait même porter à Cristiano le brassard de capitaine.

– Merci, coach ! lui dit le jeune homme avant le coup d'envoi. Je ne vous décevrai pas !

Le match se solde par une victoire 2-0, et c'est lui qui a marqué les deux buts. Il se plaît dans son rôle de numéro 10 central, une position qui lui permet d'avoir le ballon encore plus souvent. Après tout, c'est connu, Cristiano aime être le centre de l'attention.

United finit par remporter la Premier League, devant Chelsea et Arsenal, mais Cristiano a encore besoin d'obtenir une réponse à cette question : sera-t-il à la hauteur dans des matchs d'un niveau supérieur ? S'il veut devenir le meilleur du monde, il faut qu'il soit décisif dans les matchs importants.

« L'an dernier, il était absent pour la finale de la Coupe d'Angleterre et pour la demi-finale de la Ligue des champions contre l'AC Milan », lui reprochent ses critiques. « Certes, il a été très bon cette saison, mais il faut attendre de voir. C'est une chose, de marquer des buts contre Bolton et Portsmouth, et c'en est une autre, de marquer contre Chelsea ! »

Je relèverai le défi, se promet Cristiano.

En Ligue des champions, ses performances sont inégales. En quart de finale contre Rome, lorsque Scholes centre, Cristiano sprinte sur trente mètres pour reprendre la balle d'un incroyable coup de tête : le ballon file entre les doigts du gardien italien.

– C'est l'une des plus belles têtes que j'aie jamais vues ! s'exclame Wayne tandis qu'ils se réjouissent.

Cristiano a sauté tellement haut qu'il s'est fait mal en retombant sur le sol !

Mais ensuite, en demi-finale contre Barcelone, il ne fait rien d'exceptionnel et manque même un penalty. Pour la finale contre Chelsea, à Moscou, United va pourtant avoir besoin qu'il soit au top de sa forme.

– Je veux que tu mettes constamment la pression aux défenseurs de Chelsea, lui demande Ferguson avant le début du match. Avec ta vitesse et ta puissance, tu vas les terroriser.

Rien ne ferait plus plaisir à Cristiano que d'être le héros du jour, mais le match est très serré, et il peine à trouver l'espace nécessaire pour laisser s'exprimer son talent. Puis, à la moitié de la première mi-temps, Wes envoie un centre dans la surface. Cristiano, qui se tient au second poteau, bondit dans les airs, comme il l'a fait contre Rome. Il vise parfaitement, et sa tête expédie le ballon sur la droite du gardien.

Buuuuuuuuuuuuuuuuuuuuuuuuuuuuuuuuuu uuuuuuuuuuuuuut !!!

Cristiano brandit un poing et bondit une nouvelle fois. Il vient tout juste de marquer un but sensationnel dans le match le plus important de l'année. Immédiatement, ses coéquipiers se ruent sur lui.

– C'est exactement ce qu'on attendait de toi ! s'écrie Rio. Allez, encore un autre !

Plus facile à dire qu'à faire, sous la surveillance des défenseurs ! Dès que Cristiano récupère un ballon, Ricardo Carvalho trouve toujours un moyen de le faire tomber. Puis Chelsea parvient à égaliser ; le match se poursuit dans les prolongations, pour finalement se jouer aux tirs au but.

– J'en tire un, annonce Cristiano à Ferguson.

Pendant toute la saison, c'est lui qui a tiré tous les penaltys de United.

Quand vient son tour, il ramasse le ballon et l'embrasse pour se porter chance. Il le dépose sur le point de penalty, puis fait quelques pas en arrière. Les mains sur les hanches, il prend une longue et profonde inspiration. Il est prêt.

Il marque quelques pauses dans sa course, sans pour autant arriver à tromper la vigilance du gardien. Face à lui, Petr Čech se dresse de toute sa hauteur, avant de plonger sur la droite et d'intercepter le ballon.

Cristiano se prend le visage dans les mains, puis baisse les yeux sur le gazon. Il a manqué son penalty au pire moment, et il se pourrait bien qu'il vienne de faire perdre la finale à son équipe. Lentement, il rejoint ses camarades sur la ligne médiane et observe l'équipe adverse, qui se prépare à tirer son propre coup franc.

Au moment où Edwin Van der Sar arrête la balle lancée par Nicolas Anelka, et permet à United de remporter le match par la même occasion, Cristiano se laisse tomber dans l'herbe. Tant d'émotions contradictoires se bousculent en lui : la peur, le soulagement, la tristesse et la joie. Allongé dans le cercle central, il se met à pleurer.

– Lève-toi ! On a gagné ! le secoue Gary.

Les célébrations durent des heures et des heures, sous une pluie battante, mais Cristiano ne s'en soucie pas. Il porte une médaille de vainqueur de la Ligue des champions autour du cou, et il ne s'est jamais senti aussi bien de toute sa vie.

Chapitre 18

UN VRAI CHAMPION

– Je suis le meilleur joueur du monde, maintenant ! déclare Cristiano à ses camarades de United, tandis qu'ils se préparent à entamer une nouvelle saison de Premier League.

Cela fait déjà longtemps qu'ils se sont habitués à son inébranlable confiance en lui et à son absence totale de modestie.

– Tu te crois vraiment meilleur que Messi ? lui demande Wayne, qui sait que cette question ne manquera pas de faire réagir Cristiano.

– Bien sûr ! réplique-t-il. La saison dernière, j'ai remporté la Premier League *et* la Ligue des champions. Comment j'aurais pu faire mieux ? En plus, j'ai marqué quarante-deux buts, et lui seulement seize.

Pour Cristiano, tout est une compétition, et en décembre 2008, il se voit finalement décerner le Ballon d'or – le trophée remis chaque année au meilleur joueur du monde. Assis au premier rang pendant la cérémonie, il était quasiment sûr que ce serait son nom que la légende brésilienne Pelé appellerait.

– Cristiano Ronaldo !

Il monte sur scène sous les applaudissements et les vivats du public, composé de joueurs et d'entraîneurs. Quelle joie ! Dès l'instant où Pelé lui remet le trophée, Cristiano n'arrive plus à se contenir et sourit de toutes ses dents. Ses années de dur labeur ont enfin porté leurs fruits : il a atteint le sommet. Après la projection d'un montage vidéo de ses plus beaux buts, il est temps pour lui de prononcer son discours.

– Pour moi, cette récompense est une merveilleuse victoire et un moment riche en émotions. Je veux dédier ce trophée à ma famille, à mes amis et à mes coéquipiers. Sans eux, je n'aurais rien pu accomplir de tout ça.

Mais ce n'est pas parce qu'il vient de réaliser son rêve que Cristiano a l'intention de se relâcher.

– Demain, dès mon réveil, je ferai tout mon possible

pour encore m'améliorer, annonce-t-il aux médias ce soir-là. Le meilleur est encore à venir !

Ferguson est ravi pour Cristiano, mais il se fait aussi du souci : il craint que sa star ne décide de s'envoler vers de nouveaux horizons. Cela fait déjà cinq ans qu'il joue à Old Trafford, et le Real Madrid lui fait des offres alléchantes : un salaire exorbitant, la vie au soleil, une équipe de superstars et encore plus d'occasions de briller. Comment Cristiano pourrait-il refuser ?

– Ça va être difficile de le garder ici plus longtemps, convient Carlos. Il est arrivé en Angleterre à l'âge de dix-huit ans, et on a toujours su qu'il irait un jour en Espagne.

Ferguson rend donc visite à sa superstar, pour discuter de ses perspectives. Cristiano n'a pas l'impression qu'il lui reste grand-chose à explorer sur la scène britannique, mais son manager parvient à le convaincre de rester une année de plus.

– Si tu veux toujours t'en aller l'été prochain, on ne te retiendra pas, lui assure Ferguson.

Cela convient à Cristiano. Après tout, il doit bien une saison de plus à Manchester United – à ses joueurs, à ses fans, à ses entraîneurs et à son manager. Mais il a beau signer un nouveau contrat avec United, dans les vestiaires, il commence déjà à parler de devenir un Galactique.

– Ne t'en va pas ! tente de le persuader Rio chaque semaine. Si tu restais, on pourrait devenir la meilleure équipe de toute l'histoire de Manchester United !

Tout au long de son enfance, le rêve de Cristiano a été de jouer pour Madrid – une passion partagée par sa mère. Ce club a une histoire tellement riche !

– Je veux voir mon fils jouer pour le Real ! lui répète Dolores depuis des années.

Sur le terrain, Cristiano donne tout ce qu'il a pour United ; il est déterminé à aider le club à conserver ses titres nationaux. Reproduire ses exploits de l'incroyable saison précédente ne sera pas une mince affaire, mais il compte faire de son mieux.

En Ligue des champions, ils doivent absolument gagner leur match à l'extérieur contre Porto, s'ils veulent aller en demi-finale. Au bout de cinq minutes, Cristiano reçoit la balle à une quarantaine de mètres de la cage. Il contrôle le ballon en une touche, puis une autre pour la faire glisser sur la droite, avant de tirer. Seul Cristiano est assez audacieux pour oser un coup comme celui-ci. La balle fend l'air telle une flèche, échappe au gardien et pénètre dans la lucarne.

Buuuuuuuuuuuuuuuuuuuuuuuuuuut !!!

Cristiano regarde le ballon s'enfoncer dans le filet, avant de se retourner et d'aller reprendre sa place comme si de rien n'était. Pourtant, ce qu'il vient de faire n'avait rien d'ordinaire. Les fans de United – et même ses camarades – sont époustouflés.

– Quel tir, Ronnie ! s'exclame Rio en le serrant dans ses bras. Quasiment depuis la ligne médiane !

En demi-finale contre Arsenal, Cristiano offre le premier but à Ji-Sung Park, puis obtient un coup franc sur la droite. La plupart des joueurs n'essaieraient pas de frapper directement, mais Ronaldo n'est pas un joueur comme les autres.

– Fais-moi confiance, rassure-t-il Scholes.

La cage est loin, mais il a déjà prouvé que la distance n'était pas un problème pour lui. Il recule de quelques pas et prend une profonde inspiration. Il imagine la balle frapper le coin du filet, comme Meulensteen le lui a appris. Lorsqu'il tire, elle décrit une courbe descendante et file sans que le gardien d'Arsenal arrive à la bloquer.

Buuuuuuuuuuuuuuuuuuuuuuuuuuuuuuuuuuut !!!

Cette fois, Cristiano n'affiche pas un air désinvolte ; il court tout le long de la ligne de touche, les bras écartés comme les ailes d'un avion, en hochant la tête, comme pour dire : « Oui, je *suis* le meilleur ! »

Tout se déroule comme prévu : United parvient en finale de la Ligue des champions. S'ils remportent le derby de Manchester, ils ne seront plus qu'à un pas de leur troisième victoire consécutive en Premier League.

Quinze minutes après le début du match, Cristiano est sur le point de tirer un coup franc. Devant lui, il peut lire la peur sur les visages des joueurs de City ; tous savent de quoi il est capable. Son tir décrit une courbe, qui prend à contre-pied l'un des défenseurs. Il n'y a rien que le gardien puisse faire pour arrêter la balle.

Buuuuuuuuuuuuuuuuuuuuuuuuuuuuuut !!!

Une fois de plus, Cristiano est le héros de United. Que vont-ils bien pouvoir faire sans lui ?

– Tu es sûr de vouloir partir pour l'Espagne ? lui demande Giggs. Tu gagneras plus de trophées ici, et puis notre façon de jouer est plus excitante !

Mais le Real Madrid n'abandonne pas, et Cristiano a déjà fait son choix. En fin de compte, les deux clubs tombent d'accord sur un transfert d'un montant record de 94 millions d'euros. Non seulement le jeune homme réalise l'un de ses rêves, mais, par la même occasion, il devient le joueur le plus cher du monde.

Cependant, il lui reste un dernier match à disputer pour United : la finale de la Ligue des champions, contre Barcelone.

– Ce soir, c'est toi contre Messi ! lui dit Wayne avant le coup d'envoi.

Il sait que Cristiano joue encore mieux quand on stimule son esprit de compétition.

Malheureusement pour Cristiano, qui veut à tout prix prouver qu'il est encore le meilleur, son pied droit le fait souffrir depuis des mois. Il s'efforce de dérouler sa magie habituelle, mais, finalement, les joueurs du Barça sont trop bons.

Il ne me reste plus qu'à prendre ma revanche quand je serai au Real, songe-t-il en quittant le terrain du Stadio Olimpico de Rome.

Cristiano éprouve une immense gratitude envers

Manchester United, qui a tant fait pour lui, au cours de ces six dernières années. L'équipe va lui manquer, mais il est temps pour lui de se lancer dans une nouvelle grande aventure, et il est impatient de la commencer.

Chapitre 19

LA VIE DE GALACTIQUE

Entrer sur le terrain d'Old Trafford devant 70 000 fans de United, c'était une sensation incroyable, mais s'avancer sur le gazon de Bernabéu sous les yeux de 80 000 supporters du Real Madrid, c'est encore mieux. Et Cristiano n'en est qu'à une simple présentation ! Il est fatigué, et la chaleur du soleil d'été espagnol est écrasante, mais l'ambiance lui fait oublier tous ces désagréments. Il n'en revient pas ; les gens ont fait la queue durant des heures devant le stade, simplement pour le voir. Désormais, Cristiano est un Galactique, une vraie superstar.

Lorsqu'il sort du tunnel en marchant sur le tapis qu'on a spécialement déroulé pour lui, une grande ovation monte des gradins.

– Ronaldo ! Ronaldo ! Ronaldo !

Cristiano salue le public de la main et lève les deux pouces. Il est vêtu de la panoplie complète du Real Madrid, l'uniforme blanc classique. Raúl, le capitaine, porte son maillot favori, le numéro 7 ; Cristiano a donc pris le 9. Ce choix confirme qu'il est dorénavant un buteur, et non plus seulement un ailier. C'est aussi le symbole de son ambition : c'est ce numéro que portait le légendaire Alfredo Di Stéfano pendant sa carrière au Real.

Cristiano se dirige vers l'estrade dressée au milieu du terrain : il est temps de s'adresser aux fans. Pourtant, devant un tel public, il oublie les quelques phrases qu'il avait prévu de prononcer.

– Merci beaucoup, je suis tellement heureux d'être ici ! déclare-t-il avec un large sourire. J'ai toujours rêvé de jouer pour ce club, et maintenant c'est une réalité. Je joue pour le Real Madrid ! *Hala Madrid !*

La foule pousse un rugissement de joie à l'unisson. Ensuite, il faut que Cristiano fasse la démonstration de ses meilleurs tours avec le ballon. À la fin d'une série de rebonds, sans jamais l'avoir laissée toucher le sol, il prend la balle et l'offre à un enfant. Le geste est très bien reçu, et les fans l'adorent. Avant de quitter le terrain, il embrasse l'écusson du club sur son maillot.

Je sens que je vais me plaire, ici ! se dit-il.

Ces derniers temps, le nouveau président du Real Madrid, Florentino Pérez, a été très occupé. En plus de Cristiano, le club a aussi recruté le milieu espagnol Xabi Alonso, la star brésilienne Kaká et le buteur français Karim Benzema, pour un projet qui s'annonce très excitant : monter une équipe capable d'écraser le Barça de Messi. Cristiano est la pièce maîtresse de ce projet.

– Il est temps de récupérer le titre, dit-il à Pepe, son compatriote portugais dans l'équipe.

Ensemble, ils forment rapidement un groupe d'amis proches, avec les Brésiliens Marcelo et Kaká. Cette amitié aide Cristiano à s'intégrer dans son nouveau club et son nouveau pays.

Il n'est pas le capitaine de l'équipe, mais, tout comme à United, il s'assure de toujours s'impliquer dans les actions les plus importantes – corners, coups francs et penaltys inclus. Lors de son premier match de Liga, il prend son élan et propulse un shoot parfait dans l'angle inférieur.

Buuuuuuuuuuuuuuuuuuuuuuuuuuuuuuut !!!

Cristiano lève le poing en l'air et pousse un rugissement de fierté. Ses nouveaux coéquipiers se réunissent pour le féliciter.

– C'est le début de quelque chose d'exceptionnel ! déclare Raúl.

Au cours de ses quatre premiers matchs de championnat, Cristiano marque cinq buts, mais ensuite, c'est le drame : il se blesse.

– Non ! hurle-t-il en boitant pour sortir du terrain.

Sa cheville droite lui fait souffrir le martyre.

– Pourquoi ça m'arrive maintenant ? Je venais juste de commencer !

Cristiano a toutes les difficultés du monde à se reposer. Il n'a jamais vraiment aimé assister à des matchs depuis les tribunes, mais il déteste par-dessus tout regarder son équipe jouer sans lui.

– Encore combien de temps ? demande-t-il tous les jours au médecin.

Il a consacré tellement d'énergie à son renforcement musculaire qu'il ne se blesse presque jamais, et devoir rester sur la touche est un véritable cauchemar.

Dès qu'il le peut, Cristiano retourne à la salle de sport

et aux entraînements. Il est toujours le premier à arriver et le dernier à partir ; il tient à être en pleine forme pour son retour.

– Vas-y doucement, lui recommandent ses coachs. Si tu ne fais pas attention, tu risques de te blesser une nouvelle fois.

Mais Cristiano revient juste à temps pour son premier Clásico – le nom que l'on donne à tous les matchs opposant Madrid et Barcelone. À chaque fois que son pied touche le ballon, les huées des supporters de Barcelone résonnent dans le Camp Nou. Pendant la première mi-temps, Kaká fonce à travers la défense adverse et transmet une excellente passe à Cristiano, qui se retrouve seul face au gardien. Il tente de glisser calmement la balle dans l'angle inférieur de la cage, mais Víctor Valdés bloque son tir de la jambe.

– J'aurais dû marquer ! enrage Cristiano, la tête dans les mains.

– Ne t'inquiète pas, Cris, l'encourage Xabi. Ça va venir.

Mais Barcelone finit par l'emporter 1-0, et Cristiano est furieux. C'est sa responsabilité, de marquer des buts importants dans les grands matchs, et il vient juste d'échouer ! Le Real n'est plus en tête du championnat.

Il faut que je me fasse pardonner par l'équipe, se jure-t-il.

Il essaie constamment, avec toute la force de sa conviction, d'endosser le costume du héros, et parfois avec trop de passion. Quand il échoue, il lui arrive de frapper le ballon, sans réfléchir, simplement pour extérioriser sa frustration.

– Il faut que tu te calmes, lui ordonne son manager, Manuel Pellegrini, après que Cristiano s'est fait exclure du terrain contre Málaga. Les défenseurs font exprès de t'énerver, et toi, tu tombes dans le panneau à chaque fois !

Une fois la saison terminée, Cristiano est sacré meilleur buteur du Real, avec un total de trente-trois buts. Mais, en dépit de ses efforts, l'équipe reste deuxième, derrière Barcelone, et ils n'arrivent même pas en quart de finale de la Ligue des champions. En plus, la légende du club, Raúl, part pour l'Allemagne. Il est temps que le Real change de stratégie.

– Je n'ai pas quitté United pour perdre ! enrage Cristiano auprès de Karim. On a de très bons joueurs, ici, mais pour l'instant, on manque d'assurance.

Cristiano repense souvent à sir Alex et à la façon dont il apprend à ses équipes à ne jamais lâcher l'affaire avant le coup de sifflet final. Peu importent les circonstances, ses joueurs croient toujours en la victoire, jusqu'au bout. Ce dont le Real a besoin, c'est d'un manager de ce calibre.

Quelques jours plus tard, Karim vient voir Cristiano.

– Cris ! Pellegrini s'est fait virer !

Cela ne le surprend pas beaucoup.

– Et qui va le remplacer ?

– D'après les rumeurs, ce serait José Mourinho.

La nouvelle arrache un sourire à Cristiano. Il connaît bien Mourinho. Les deux hommes se sont rencontrés au Portugal, quand Cristiano jouait pour le Sporting Lisbonne et que Mourinho dirigeait Porto. Celui-ci a aussi été le manager de Chelsea quand Cristiano était chez United. Depuis, il a notamment fait remporter la Ligue des champions à l'Inter Milan. Tout le monde ne l'apprécie pas, mais le « *Special One* » est assurément un champion-né, comme Cristiano.

– Parfait !

Chapitre 20

RONALDO CONTRE MESSI

Lorsque le coup de sifflet final retentit, Cristiano se dirige immédiatement vers les vestiaires et entre dans le tunnel sans adresser un seul mot à qui que ce soit – il est trop frustré. Avec l'arrivée de Mourinho et de nouveaux milieux de terrain, Mesut Özil et Sami Khedira, tout le monde s'attendait à ce que le Real Madrid s'impose comme le grand rival du Barça pour le titre de champion d'Espagne. Mais ce soir, ils viennent de se faire écraser, 5 à 0.

– Qu'est-ce que je vous ai dit avant de commencer ? hurle Mourinho dans les vestiaires. Je vous ai dit de rester calmes, d'être prudents en défense et de passer la balle à Cristiano en contre-attaque ! Et au lieu de ça, qu'est-ce que vous avez fait ? Vous avez passé votre temps à courir partout comme des poulets sans tête ! Vous vous êtes laissé déstabiliser, et Cristiano n'a presque pas touché le ballon !

Lionel Messi est le pilier de l'équipe de Barcelone ; au Real, c'est à Cristiano que revient ce rôle. Il a récupéré son numéro 7, et tout le club compte sur lui pour être la star. En plus, Mourinho ne connaît que trop bien l'esprit de compétition de son buteur, et il s'en sert pour l'inciter à se dépasser.

– Cris, aujourd'hui, Messi nous a baladés. Qu'est-ce qui t'est arrivé ?

– J'étais tout seul devant, et aucun des milieux ne m'a passé la balle !

– Messi, lui, se crée des occasions à partir de rien. Il faut que tu fasses mieux que ça !

Lors du match suivant, contre Valence, le score est de 0-0, alors qu'il ne reste plus que vingt minutes. Si Madrid veut continuer à talonner Barcelone au classement, il faut absolument qu'il prenne les 3 points. Tandis que Mesut avance avec la balle, Cristiano sprinte pour se mettre en position de tir. Et lorsque la passe arrive, il n'a besoin que d'un contrôle avant de l'expédier au fond du filet d'un shoot puissant.

Buuuuuuuuuuuuuuuuuuuuuuuuuuuuuut !!!

– Cris à la rescousse ! s'exclame Pepe tandis qu'ils fêtent leur but.

À cinq minutes de la fin, Cristiano récupère de nouveau la balle, alors qu'il vient tout juste de rentrer dans la moitié de terrain adverse. Il fonce droit sur les défenseurs, qui reculent devant lui. À la limite de la surface de réparation, il effectue un passement de jambe à droite, suivi d'un autre à gauche. Les joueurs de Valence, épuisés, n'ont aucune idée du côté où il va tirer. En fin de compte, il se décide pour la droite, et son tir échappe au gardien.

Buuuuuuuuuuuuuuuuuuuuuuuuuuuuuuuuuut !!!

Cristiano lève les bras en l'air et hoche la tête en se tournant vers les fans, comme pour leur dire : « Oui, je peux encore disputer le titre de meilleur joueur du monde à Messi ! »

Lorsque Noël arrive, il a marqué dix-huit buts en championnat, soit un de plus que Messi. Mais ce dernier a tout de même remporté le dernier Clásico, et c'est Barcelone, et non pas Madrid, qui siège en tête de la Liga.

– Je ne serai satisfait que lorsqu'on sera l'équipe numéro 1 en Espagne ! annonce Cristiano à Mourinho.

Et, en ce qui le concerne, il ne sera pleinement satisfait que lorsqu'il sera de nouveau sacré meilleur joueur du monde. Messi a remporté le Ballon d'or en 2009 et de nouveau en 2010 ! Aux yeux du monde entier, Cristiano et Lionel sont des ennemis jurés, mais la réalité est tout autre. En vérité, les deux hommes éprouvent un profond respect l'un pour l'autre et, lorsqu'ils se croisent à l'occasion de cérémonies de remise de prix ou pour des matchs, ils ont plaisir à discuter ensemble. Il n'y a que sur le terrain que leur esprit de compétition refait surface et qu'ils redeviennent les rivaux acharnés que l'on connaît. Après tout, il ne peut y avoir qu'un seul meilleur joueur du monde, et tous deux convoitent ce titre.

En avril, il est prévu que le Real Madrid affronte Barcelone à quatre reprises : une fois en Liga, une fois en Coupe d'Espagne et deux fois en demi-finale de la Ligue des champions. Cristiano bout d'impatience ; il a hâte de se lancer dans la bataille. Après un départ ennuyeux – une égalité 1-1 en championnat –, les choses sérieuses commencent : c'est la finale de la Coupe d'Espagne.

– On peut y arriver ! lance Cristiano à ses camarades. Si on gagne, on sera mentalement plus forts pour la Ligue des champions.

Mais au bout de près de cent minutes de jeu, aucune équipe n'a encore marqué. C'est alors qu'Ángel Di María et Marcelo remontent l'aile gauche en duo, s'échangeant la balle avec adresse. Le premier centre dans la surface ; Cristiano, qui se tient au second poteau, bondit dans les airs et, de la tête, propulse le ballon dans la lucarne.

Buuuuuuuuuuuuuuuuuuuuuuuuuuuuuuuuut !!!

Ils l'ont fait ! Cristiano se laisse tomber à genoux dans l'herbe. Enfin, il a permis à son équipe de remporter un match contre Barcelone ! C'est une douce vengeance.

– Tu es un héros, maintenant ! lui dit Sergio Ramos alors que tous les supporters du club scandent son nom.

Une semaine plus tard, Cristiano n'a plus que la Ligue des champions à l'esprit. Il est content d'avoir remporté la Coupe d'Espagne, mais c'est ce titre-là qu'il vise en réalité. Le premier round se joue chez eux, à Bernabéu, mais le Real reste prudent. Mourinho ne veut pas prendre le risque de laisser Barcelone marquer un but à l'extérieur qui pourrait se révéler crucial.

– Il faut que vous montiez plus haut pour m'épauler ! se plaint Cristiano auprès de Mesut et d'Ángel.

À rester tout seul devant, il commence à se laisser envahir par la frustration.

– Mais le coach a dit qu'on devait défendre ! réplique Mesut.

Après tout, ils ne font que suivre les ordres.

Et quand Messi marque deux buts tardifs qui permettent à Barcelone de l'emporter, Cristiano explose de rage.

– Pourquoi est-ce qu'on joue comme ça ? demande-t-il à Mourinho. On n'a pas à avoir peur d'eux ! On est meilleurs qu'eux, et il faut qu'on le montre à tout le monde.

– Si on joue comme ça, c'est pour te laisser le champ libre, lui répond le manager devant toute l'équipe.

Il estime qu'il est temps de donner une leçon à sa superstar.

– Aujourd'hui, on t'a donné toute la liberté du monde, et tu n'en as rien fait !

Cristiano a beau être fâché, il sait que Mourinho a raison. Plutôt que de se plaindre, il ferait mieux d'aider son équipe. Il n'y a pas que lui qui compte.

Cette saison-ci, Messi et Cristiano marquent chacun cinquante-trois buts, un chiffre hallucinant. Mais c'est tout de même Messi qui réalise le doublé Liga et Ligue des champions.

– À la prochaine saison, je ne me concentrerai pas autant sur mes objectifs personnels, dit Cristiano à sa mère.

Pas question qu'il abandonne.

– Ma priorité, ce sera l'équipe. Il faut absolument qu'on soit meilleurs que Barcelone !

Malheureusement, le Real perd le Clásico suivant, 3-1. Cependant, c'est leur seule défaite en championnat en huit mois. Cristiano marque des buts en se faisant plaisir, mais surtout, le Real compte jusqu'à 6 points d'avance en championnat sur le deuxième club !

Face à la Real Sociedad, Cristiano prend le ballon à la limite du hors-jeu et tire droit dans la cage. C'est son trente-quatrième but de la saison, mais pas seulement : pour lui, c'est un grand moment.

– Félicitations pour ta centième réalisation en Liga ! lui lance Xabi tandis qu'ils célèbrent le but.

– Merci ! Et ça ne m'aura pris que quatre-vingt-douze

matchs ! se vante Cristiano. C'est un record ! Messi, lui, a dû attendre son cent cinquantième !

La seule chose que veut Cristiano, désormais, c'est vaincre Messi et le Barça. Le deuxième Clásico de la saison va se révéler être le plus important de sa carrière.

– Ça n'a pas l'air d'aller fort à Barcelone, mais nous, on est au top de notre forme ! déclare Mourinho à ses joueurs. C'est notre moment !

Au Camp Nou, l'atmosphère est très tendue. Tout au long du match, les supporters adverses huent Cristiano, mais cela ne lui fait ni chaud ni froid. Il est bien trop concentré sur la victoire. Au bout de quinze minutes, le Real prend l'avantage, mais Barcelone égalise en deuxième mi-temps. Un match nul suffirait à Madrid, mais pas à Cristiano.

Ángel passe à Mesut, sur la droite, en continuant de courir pour que ce dernier lui renvoie la balle, mais Cristiano file droit devant et se place encore mieux. Mesut lui adresse une passe parfaite ; une fois de plus, Cristiano est face à face avec Víctor Valdés. Cette fois-ci, il ne peut pas manquer son coup. Sa frappe enroulée trompe la vigilance du gardien et entre dans le filet.

Buuuuuuuuuuuuuuuuuuuuuuuuuuuuuuuuuuuuuuuuuuuuuuuuuuuuuuuuuuuuuuuuuut !!!

Dans les gradins, les fans de Madrid se déchaînent, mais Cristiano n'exulte pas ; il n'arrache pas son maillot et ne lève même pas les bras au ciel. Au lieu de ça, c'est lui qui rappelle tout le monde à l'ordre. Il est là pour faire ce qu'il a toujours si bien fait : marquer des buts importants.

Au coup de sifflet final, il brandit les poings en l'air, puis va serrer ses camarades dans ses bras, et Mourinho aussi. Les tactiques du manager ont porté leurs fruits. Enfin, Cristiano a remporté le championnat espagnol, et en battant le Barça de Messi, qui plus est !

En tenant le trophée à bout de bras, quelques semaines plus tard, Cristiano songe à tous les efforts et sacrifices qu'il a dû faire pour arriver jusqu'ici. Chaque heure passée à s'entraîner, à la salle de sport ou sur le terrain, a été récompensée.

Désormais, il est temps pour lui de passer à son objectif suivant : gagner la Ligue des champions.

Chapitre 21

LA DÉCIMA

La décima : la dixième. Il se passe rarement une journée à Madrid sans que Ronaldo entende ces mots. Les Madrilènes ont remporté leur neuvième Ligue des champions en 2002, il y a quelques années déjà, et les fans réclament à grands cris un dixième trophée. À chaque match, les joueurs peuvent sentir le poids des lourdes attentes qui pèsent sur leurs épaules.

– Onze ans, c'est vrai que ça fait long, reconnaît Pepe. Un club comme celui-ci, on s'attend à ce qu'il gagne tous les ans !

Cela fait trois années d'affilée que le Real Madrid se fait éliminer en demi-finale de la Ligue des champions, et les supporters commencent à croire que leur équipe est maudite.

– C'est vrai, répond Cristiano à son compatriote. Mais j'ai bon espoir pour cette saison.

– Tu as de l'espoir à chaque fois ! le taquine Pepe.

Sa remarque fait sourire Cristiano.

– Tu as raison, mais cette fois, je pense qu'on a vraiment la meilleure équipe possible.

En plus de Cristiano et de Karim, le Real Madrid a réussi à recruter Isco, Luka Modrić et Gareth Bale en attaque. Même si Cristiano reste le plus fort, il est content d'être entouré d'aussi bons joueurs. Après tout, il ne peut pas tout faire tout seul.

Pendant la phase de poule, il marque neuf buts en seulement cinq matchs.

– Eh ben ! s'en amuse Karim. Tu ne rigoles pas, cette année !

Il a raison, Cristiano y va à fond. Son grand rival, Messi, détient actuellement le record du plus grand nombre de buts marqués en une saison de Ligue des champions : quatorze. Cristiano commence le championnat en fanfare.

Après plusieurs années passées à jouer des coudes avec Messi pour le titre de meilleur joueur du monde, il est en train de se réapproprier la première place. À la cérémonie de remise du Ballon d'or, en 2013, c'est le nom de Cristiano qu'appelle Pelé, tout comme cinq ans auparavant. Les yeux baignés de larmes, Cristiano remercie toutes les personnes importantes dans sa vie. Après s'être battu si longtemps et avec tant d'acharnement, il sent l'émotion le submerger en ce jour très spécial. S'il pleure, c'est de joie : il est de nouveau le meilleur joueur du monde.

Isco récupère la balle et passe à Karim, qui passe à Cristiano. Ce dernier passe en force en dépit des efforts du défenseur, dribble le gardien et tire dans la cage.

Buuuuuuuuuuuuuuuuuuuuuuuuuuuuuuuut !!!

Grâce à sa stratégie d'attaque super efficace, le Real est en train d'écraser Schalke, 6-0. Le Real Madrid, et tout particulièrement Cristiano, semble invincible. Ce dernier en est d'ailleurs à treize buts, alors que les quarts de finale n'ont même pas commencé.

Leur prochain adversaire sera le Borussia Dortmund, l'équipe qui les a éliminés l'année précédente. Et rien de tel que le désir de revanche pour enhardir Cristiano, il adore ça !

Gareth marque le premier but, et Isco le deuxième. Cristiano est content pour ses camarades, mais il tient lui aussi à voir son nom sur le tableau d'affichage. En deuxième mi-temps, c'est Luka qui s'empare de la balle, avant de la passer à Cristiano, qui contourne calmement le gardien et marque. Le score est de 3-0.

– Rien ne peut nous arrêter ! dit-il à Luka en le serrant dans ses bras.

En demi-finale, c'est le Bayern Munich que le Real devra affronter – encore une équipe qui les a éliminés du tournoi par le passé. En plus, ils sont dirigés par l'ancien manager de Barcelone, Pep Guardiola.

– Il faut *absolument* qu'on gagne ! déclare Cristiano à ses coéquipiers.

La défaite n'est pas une option.

Lors du premier round à Bernabéu, c'est Karim qui marque l'unique but de l'équipe. Même si le Real a l'avantage, cela signifie qu'ils vont devoir se dépasser en Allemagne.

Carlo Ancelotti, le nouveau manager du Real, est

partisan d'un style de jeu plus agressif que celui que prônait Mourinho. Pour le match retour, il décide de mettre Cristiano, Karim, Gareth, Luka, Ángel *et* Xabi dans la même équipe.

– Tu es dingue, mais j'aime ça ! s'exclame Cristiano en apprenant la nouvelle.

Ils n'ont aucune raison de craindre qui que ce soit.

En plus, la stratégie d'Ancelotti fonctionne. Sergio Ramos marque deux fois de la tête, alors que le Bayern n'a pas encore marqué. Les Allemands lancent l'offensive, mais le Real contre-attaque. Karim passe le ballon à Gareth, qui l'envoie à Cristiano. D'un shoot, celui-ci l'expédie pile entre les jambes du gardien.

Buuuuuuuuuuuuuuuuuuuuuuuuuuuuuuuuut !!!

C'est son quinzième but du tournoi. Désormais, le record lui appartient ! Il lève les deux mains, les dix doigts tendus, puis referme un de ses poings pour indiquer les cinq buts de plus. Il répète le même geste encore et encore, comme une danse. Il est tellement fier de son exploit !

– Bravo, Cris ! lui crie Gareth en faisant claquer les paumes de ses mains contre les siennes.

Cristiano marque encore une fois, ce qui fait grimper

son record à seize buts. Madrid est qualifié pour la finale, à Lisbonne. Le jeune homme est terriblement impatient de faire son retour en fanfare à la maison !

– Plus qu'un gros match, et on aura gagné ! rappelle-t-il à ses camarades.

Dans l'autre demi-finale, l'Atlético de Madrid l'emporte sur Chelsea ; la finale se jouera donc entre résidents de Madrid. L'Atlético a déjà remporté la Liga et a déjà battu le Real une fois. Une autre rencontre s'était soldée par un match nul. Il est très difficile de marquer face à cette équipe, mais Cristiano est optimiste.

Et même si, physiquement, il n'est pas prêt à cent pour cent, il est hors de question qu'il loupe la finale de la Ligue des champions. En traversant le tunnel, il marche à côté du trophée et ne peut s'empêcher de s'arrêter pour y jeter un coup d'œil. Six ans ont passé depuis son triomphe avec Manchester United, et il est tout aussi impatient que les fans du Real Madrid.

– Allez ! rugit-il.

L'Atlético commence par prendre l'avantage et, au fur et à mesure que le temps s'écoule, il conserve sa position de force. Cristiano multiplie les tentatives, mais pas un seul de ses tirs ne fait mouche. Heureusement, à la dernière minute, Sergio Ramos égalise 1-1 avec une magnifique tête. Le Real a encore l'espoir de gagner la finale !

Pendant les prolongations, Cristiano et ses camarades se révèlent trop bons pour leurs opposants, épuisés. Gareth, puis Marcelo marquent chacun un but ; le score est de 3-1. Tout le monde sait que le Real a gagné, mais Cristiano, lui, n'en a pas fini : il veut marquer en finale. Tandis qu'il dribble en direction des défenseurs de l'Atlético, l'un d'eux tend la jambe pour le faire trébucher. Penalty !

Cristiano saisit la balle entre ses mains et la positionne. Il prend de l'élan, trompe le gardien, qui bondit d'un côté, et tire de l'autre.

Son rêve s'est enfin réalisé. Cristiano est tellement heureux qu'il en arrache son maillot pour célébrer leur victoire. Torse nu, criant vers le ciel, on dirait presque l'Incroyable Hulk.

Dans les gradins, c'est déjà la fête : enfin, « La Décima » est à eux. Toute la nuit, les célébrations continuent, et se prolongent encore pendant plusieurs jours, dans Madrid et au Bernabéu. Tous les joueurs de l'équipe rentrent chez eux en héros.

Pour Cristiano, c'est l'un des plus grands triomphes de sa glorieuse carrière. Pourtant, il en veut encore plus.

Chapitre 22

LA UNDÉCIMA

– Je n'arrive pas à croire qu'ils aient viré Ancelotti, confie Cristiano à Sergio Ramos.

Ce dont le Real Madrid a besoin, c'est de travailler avec un bon manager sur la durée, pas d'en changer tous les ans. Pour les joueurs, c'est compliqué, de devoir constamment s'adapter à de nouveaux styles de jeu.

– Il faisait du bon boulot !

– Je suis d'accord, mais tu sais ce que c'est, dans ce milieu, lui répond son capitaine. Si on ne gagne pas de titres immédiatement, c'est la porte.

– C'est vrai, mais qui va bien pouvoir le remplacer ? se demande Cristiano. Il faudrait quelqu'un de vraiment spécial. Est-ce que tu penses que Rafa Benítez fera l'affaire ?

– Il faut bien qu'on lui laisse une chance. Il a quand même remporté la Ligue des champions avec Liverpool ! On a déjà essayé avec Mourinho et avec Ancelotti. On ne peut pas compter sur Guardiola, vu qu'il est à Barcelone... Qui d'autre y a-t-il ?

Cristiano sait que Sergio a raison, mais il tient à n'être entouré que des meilleurs, que ce soit au sein de l'équipe ou au niveau de l'encadrement. Il a beau avoir remporté le Ballon d'or 2014, il en veut plus ; pour être à nouveau désigné cette année, il doit gagner un autre trophée majeur : la Liga ou la Ligue des champions – les deux, idéalement. Être le meilleur buteur européen, ce n'est pas suffisant.

Lors d'un match à l'extérieur contre l'Espanyol, pour la première fois de sa carrière, Cristiano marque cinq buts au cours de la même rencontre. À chaque fois qu'un de ses tirs fait mouche, il le célèbre de sa nouvelle manière préférée : il saute en l'air, en levant les bras de façon théâtrale, à la manière d'un torero, et se tourne pour exposer le dos de son maillot à la foule.

– C'est juste au cas où ils oublieraient mon nom ! plaisante-t-il avec Karim.

Mais les supporters du Real Madrid ne sont pas près de l'oublier. Après tout, il vient de rentrer dans l'histoire comme le meilleur buteur du club en Liga.

– Deux cent trente buts en deux cent trois matchs ! C'est incroyable ! le félicite Pepe en le serrant dans ses bras.

Malgré les honneurs, Cristiano sait que le véritable enjeu est autre. Entre Madrid et Barcelone, la bataille fait rage : la « MSN » barcelonaise – Messi, Suárez et Neymar – face à la « BBC » madrilène – Benzema, Bale et Cristiano. Reste à savoir laquelle ressortira victorieuse de l'affrontement…

La prochaine rencontre entre les rivaux a lieu à Bernabéu. Alors que Messi n'est même pas dans l'équipe, Barcelone les écrase 4 à 0. C'est l'humiliation ; encore une défaite cuisante dans un Clásico pour le Real. Après le coup de sifflet final, les fans huent leur propre équipe, et Cristiano quitte le terrain en se grattant la tête. Il est clair qu'il faut changer quelque chose, mais quoi ?

En janvier 2016, c'est au tour de Benítez d'être renvoyé. Il est remplacé par le légendaire « Zizou » : Zinedine Zidane. Cristiano a énormément de respect pour Zidane, et c'est réciproque. Dès le départ, le nouveau manager lui donne bien plus de liberté.

– C'est lui, l'âme du Real Madrid, déclare Zizou aux médias.

La BBC remporte match après match, mais, en fin de compte, c'est Barcelone qui gagne la Liga, avec un seul point d'avance après la dernière journée de championnat. Si les joueurs du Real ont le cœur brisé, ils ne baissent pas encore les bras. Il leur reste un match à disputer : la finale de la Ligue des champions.

Cette fois encore, Cristiano a été la star de la compétition, avec treize buts marqués avant même les quarts de finale. C'est vraiment sur la scène européenne qu'il s'épanouit le mieux !

Face à Wolfsburg, le Real perd le match aller 2 à 0. C'est un grand choc, mais Cristiano ne panique pas.

– On peut encore s'en sortir, rappelle-t-il à ses camarades avant le début du match retour. Tout ce qu'on a à faire, c'est gagner 3-0 !

Et c'est exactement ce qu'ils font, avec un triplé de Cristiano. Le premier but est tout simple : il se contente de lancer négligemment la balle dans la cage. Il marque le deuxième grâce à une tête fulgurante, et le troisième d'une frappe impeccable sur coup franc.

– Allez ! rugit Cristiano, tourné vers ses fans, alors que toute l'équipe célèbre cette qualification obtenue de justesse.

Il adore être le héros.

C'est vraiment le plus beau métier du monde.

La finale oppose Madrid à ses rivaux de l'Atlético, comme deux ans plus tôt.

– Ils nous ont battus en championnat en février, rappelle Cristiano à ses coéquipiers avant le coup d'envoi. Si on avait gagné ce match, on serait champions, à l'heure qu'il est. Il est temps de prendre notre revanche !

En réponse, les joueurs du Real poussent un rugissement à l'unisson. Ils sont déterminés à remporter leur onzième Ligue des champions, « *la Undécima* ». Sergio Ramos parvient à marquer au bout de quinze minutes, mais Cristiano peine à inscrire le deuxième but, en dépit de tous ses efforts. Puis, alors qu'il ne reste que dix minutes de jeu, l'Atlético égalise. La finale de la Ligue des champions va donc se dénouer aux tirs au but.

Après cent vingt minutes de jeu acharné, Cristiano est

épuisé ; il tient à peine sur ses jambes. Mais il lui reste encore une chose à faire.

– Je prends le dernier, annonce-t-il à Zidane avec assurance. Je tiens à marquer le but décisif !

L'image du penalty manqué lors de la finale de 2009 avec Manchester United lui fait encore faire des cauchemars aujourd'hui ; il est temps d'exorciser ce mauvais souvenir.

En s'avançant vers le point de penalty, Cristiano a conscience que, s'il marque, le Real remportera sa onzième Ligue des champions. Une fois de plus, il a l'occasion d'être le héros de l'équipe. Debout à la limite de la surface de réparation, il prend une profonde inspiration. Il fait tout son possible pour contrôler les battements de son cœur et imagine le ballon s'envoler jusqu'au fond du filet. Il peut le faire.

Buuuuuuuuuuuuuuuuuuuuuuuuuuuuut !!!

Le gardien est parti du mauvais côté. Cristiano vient de remporter la Ligue des champions pour la troisième fois. Quel moment ! Il enlève son maillot et le lance dans les airs.

– Allez ! crie-t-il à nouveau aux fans dans les gradins.

Quelques instants après, il se retrouve presque écrasé par tous ses camarades, venus le serrer dans leurs bras.

Tandis que Sergio Ramos brandit le trophée, Cristiano se tient juste derrière lui. Il meurt d'envie de toucher la coupe et, quand on la lui tend, il la saisit à deux mains et la lève au-dessus de sa tête, avant de la secouer énergiquement. Il dépose un baiser dessus, puis la passe à son collègue portugais, Pepe.

– Notre prochaine victoire, ce sera l'Euro 2016 ! lui dit-il avec un sourire.

Chapitre 23

FIER D'ÊTRE PORTUGAIS

– Ce serait tellement merveilleux de remporter un titre pour le Portugal ! lance Cristiano à son ancien coéquipier de Manchester United, Nani, tandis que tous deux se préparent pour l'Euro 2016, qui doit avoir lieu en France.

– Messi, lui, n'a toujours pas gagné de Coupe du monde ni de Copa América pour l'Argentine. Tu as encore une chance de le coiffer au poteau ! lui fait remarquer Nani en souriant.

Il est bien conscient que la simple évocation de son rival ne fera que renforcer la détermination de Cristiano.

Cela fait maintenant près de dix ans que celui-ci est capitaine de l'équipe nationale, mais depuis la défaite infligée par la Grèce lors de l'Euro 2004, le Portugal n'a pas progressé. On dirait même que le niveau de l'équipe a baissé ! Cristiano a beau être son meilleur buteur de tous les temps, il a toujours échoué, jusque-là, à l'emmener vers la victoire. En voyant ses exploits avec Manchester United et le Real Madrid, les fans portugais commencent à se demander s'il ne manque pas de volonté lorsqu'il s'agit de jouer pour son pays !

Lors de l'Euro 2012, Cristiano avait demandé à exécuter le dernier tir au but en demi-finale face à l'Espagne, mais la séance s'était terminée avant même qu'il puisse tenter sa chance, ce qui n'avait pas du tout plu aux Portugais.

« Comme d'habitude ! » s'étaient-ils plaints. « Tout pour lui, et rien pour l'équipe ! »

Puis, en 2014, Cristiano leur permet de se qualifier pour la Coupe du monde en marquant un triplé contre la Suède. Mais il se blesse pendant la compétition et ne parvient à marquer qu'un seul but.

– J'ai trente et un ans, rappelle-t-il à Nani. Avec un peu de chance, je pourrai participer à la Coupe du monde 2018, et peut-être aussi à l'Euro 2020, mais pourquoi attendre ? C'est l'occasion ou jamais !

Le Portugal ne fait pas partie des favoris, mais c'est

plaisant, pour une fois, de ressentir un peu de pression. L'équipe est composée de défenseurs expérimentés, comme Pepe et Ricardo Carvalho, mais à part Cristiano et Nani, qui pour marquer des buts et se procurer des occasions ?

Cristiano sait que face aux favoris – l'Allemagne, l'Espagne et la France – le combat va être rude. Mais il a plus que jamais confiance en lui. En tant que capitaine, il a la responsabilité de mener son pays à la victoire.

Cependant, le Portugal commence très mal la compétition : après deux matchs nuls contre l'Islande, puis l'Autriche, il est au bord de l'élimination. Cristiano lui-même a raté un penalty face à l'Autriche, mais il refuse de baisser les bras.

– Écoutez, les gars, il faut qu'on se reprenne, dit-il à son équipe. À chaque fois qu'on récupère la balle, notre premier réflexe, c'est de foncer tout droit pour marquer. Et si on essayait d'être plus patients et de construire nos actions ?

Pepe est très impressionné par la nouvelle maturité de Cristiano. Le jeune homme qui piquait des crises de nerfs sur le terrain a bien changé.

Au début du match contre la Hongrie, les Portugais

sont menés 2 à 1, mais les joueurs ne tardent pas à se souvenir des mots de leur capitaine. Nani passe à João Mário, sur l'aile droite, qui centre juste derrière Cristiano. Aucun problème. Celui-ci glisse le ballon dans les filets d'une sublime talonnade : une « Madjer ».

Buuuuuuuuuuuuuuuuuuuuuuuuuuuuuuuuut !!!

– Eh ben ! Ça avait l'air tellement facile ! s'écrie Nani en grimpant sur son dos.

– On ne lâche rien ! Je ne suis pas encore prêt à rentrer à la maison ! réplique Cristiano.

Mais lorsque les Hongrois inscrivent un nouveau but, il n'en croit pas ses yeux. Qu'est-ce qu'ils fabriquent, en défense ? Il n'arrête pas de les encourager, mais ça ne suffit pas.

Ricardo Quaresma, son ancien rival du Sporting Lisbonne, centre depuis la gauche, en pleine surface. En voyant la balle s'envoler, Cristiano s'élance, pile à la bonne vitesse pour l'expédier dans la cage.

Buuuuuuuuuuuuuuuuuuuuuuuuuuuuuuuuuuuu uuuuuuuuuuuuuuuuuuuuuuuuuuuuuuuuuuuut !!!

– Cette fois, pas question de les laisser encore marquer ! ordonne-t-il à ses joueurs.

Le match se conclut sur le score de 3-3, qui suffit à qualifier le Portugal pour le second tour.

– Quel match de folie ! souffle Cristiano à Nani en quittant le terrain.

Les deux hommes sont extrêmement soulagés.

– La prochaine fois, il va vraiment falloir qu'on fasse mieux que ça.

Face à la Croatie, l'équipe montre plus de solidité : Pepe, José Fonte et William Carvalho assurent une défense efficace, et Nani et Cristiano jouent les contre-attaques, avec le soutien du très jeune Renato Sanches.

Leur seul problème, c'est qu'ils n'arrivent pas à marquer, et au bout de quatre-vingt-dix minutes, le score est toujours de 0-0.

– On ne lâche rien ! lance Cristiano à ses coéquipiers pendant une courte pause. On va bien finir par marquer !

Pendant les prolongations, Renato se précipite vers l'avant, avec Nani sur sa gauche et Cristiano sur sa droite. Il passe à Nani, qui centre pour Cristiano. Le ballon est dévié, mais Ricardo le reprend et marque le but de la victoire. Contre toute attente, le Portugal est qualifié pour les quarts de finale.

Vient le moment d'affronter la Pologne, au cours d'un match qui se décide aux penaltys. Cette fois, Cristiano tire en premier. Il ne tient pas à reproduire son erreur de l'Euro 2012. Il prend le gardien à contre-pied… 1-0 !

– Allez ! rugit-il en se retournant vers ses camarades sur la ligne médiane.

La cohésion du groupe n'a jamais été aussi forte, et l'un après l'autre, les cinq tireurs réussissent leur tir au but.

Ils affronteront donc le pays de Galles en demi-finale. Cristiano va se retrouver face à un visage familier.

– Tout le monde parle du match « Ronaldo contre Bale » ! lui apprend Nani.

Cela fait sourire Cristiano. Aux yeux des médias, tous ses matchs sont des duels entre lui et un rival. Après tant d'années sous les feux de la rampe, il est habitué à ce genre d'attention. Mais aujourd'hui, tout ce qui compte pour lui, c'est d'aider son équipe à gagner. Il sait désormais que le football se joue à onze.

Sur un corner, le plus petit des défenseurs gallois, James Chester, vient le coller de près. Cristiano sait que, si le centre est bien placé, il n'aura aucune peine à sauter plus haut que lui. Et son instinct se révèle juste : le centre est parfait, et sa tête aussi.

Buuuuuuuuuuuuuuuuuuuuuuuuuuuuuuuuut !!!

Il se laisse glisser dans l'herbe, et ses camarades le rejoignent. Trois minutes plus tard, Nani marque un deuxième but. Une fois de plus, le Portugal se retrouve en finale du championnat d'Europe !

– Félicitations, dit Cristiano à Gareth en le serrant dans ses bras après le coup de sifflet final. Tu as tellement bien joué pendant ce tournoi ! Tu ne mérites pas d'être éliminé.

– Merci ! lui répond son camarade du Real Madrid. Et bonne chance pour la finale !

Malheureusement pour Cristiano, le grand match ne durera que vingt minutes, à cause d'une blessure au genou gauche. Il a beau s'efforcer de continuer, c'est impossible. Il quitte le terrain en boitant et en secouant la tête, anéanti.

En l'absence de leur capitaine, les Portugais redoublent d'efforts et, pendant les prolongations, c'est le remplaçant Éder qui marque le but décisif. Tout du long, Cristiano, resté sur la touche, encourage ses camarades et leur donne des conseils. Son équipe lui fait honneur.

– Continuez ! leur crie-t-il.

Il est tellement nerveux qu'il doit se forcer à regarder le match.

Lorsque retentit le coup de sifflet final, Cristiano fond en larmes. Ils sont champions d'Europe ! Il lève le trophée haut en l'air. Encore un rêve devenu réalité.

Et il a travaillé tellement dur pour réaliser chacun de ses rêves : quitter Madère pour rejoindre le Sporting Lisbonne à treize ans ; rejoindre Manchester United à seulement dix-huit ans ; devenir le meilleur Galactique du Real Madrid ; remporter ses titres de champion, ses Ballons d'or et ses trophées de Ligue des champions. Et aujourd'hui, en 2016, devenir champion d'Europe aux côtés de ses compatriotes…

Depuis l'époque du foot de rue à Madère, Cristiano s'est élevé jusqu'au rang d'icône mondiale. Le sigle « CR7 » est désormais reconnu à travers le monde entier, et des millions de personnes suivent ses faits et gestes sur les réseaux sociaux. Il existe même un musée à son nom, et Funchal – sa ville natale – a renommé l'aéroport de Madère « Aéroport Cristiano-Ronaldo ».

Il a toujours eu du talent, mais il n'a jamais cessé de s'entraîner, d'apprendre et de s'améliorer. Lui qui, dans sa jeunesse, était orgueilleux et égoïste est devenu un adulte mature et professionnel, un buteur exceptionnel, une superstar et l'un des plus grands joueurs du monde. Tous les jours, Cristiano s'est battu sans relâche pour être le meilleur. Et son incroyable aventure dans le monde du football est loin d'être terminée.

Tourne la page pour découvrir
un extrait exclusif d'une autre histoire
de footballeur fascinante,
racontée par Matt et Tom Oldfield...

LIONEL MESSI

Chapitre 1

UN TRIPLÉ LÉGENDAIRE

– Alors, comment tu te sens ? demande Lionel à son compatriote argentin Carlos Tévez, tout en le serrant dans ses bras, tandis qu'ils attendent dans le tunnel qui mène au terrain.

Ils ont beau être sur le point de jouer la finale de la Ligue des champions 2014-2015, Lionel n'est pas le moins du monde stressé. Après tout, c'est la troisième fois qu'il dispute cette finale avec son équipe, le Barça, et ils ont gagné les deux précédentes. Lionel est un champion-né, l'un des meilleurs joueurs du monde. C'est donc avec beaucoup d'assurance qu'il s'élance sur le gazon de l'Olympiastadion de Berlin, pour affronter l'ogre italien : la Juventus.

Il lève les yeux vers les tribunes, où les supporters s'affichent dans leur maillot bleu et rouge – le *blaugrana*, comme disent les Espagnols. Ce sont les couleurs de Barcelone, l'un des plus grands clubs du monde, et celui dans lequel joue Messi depuis ses treize ans. Des joueurs, il en a vu passer à Barcelone, mais l'équipe actuelle est peut-être la plus spectaculaire. Ils ont déjà remporté la Liga, le championnat espagnol, et la Coupe d'Espagne ; peuvent-ils maintenant gagner la Ligue des champions et, par la même occasion, réussir un triplé légendaire ?

« Oui ! » répondent-ils tous d'une seule voix.

Les vieux amis de Lionel, Gerard Piqué et Javier Mascherano, constituent les piliers de leur défense. Andrés Iniesta et Xavi contrôlent le milieu de terrain, et pendant ce temps, la MSN marque tous les buts. « MSN », c'est le surnom qu'ont donné les médias au meilleur trio d'attaquants du monde : l'Argentin Lionel Messi, l'Uruguayen Luis Suárez et le Brésilien Neymar. À eux trois, ils ont déjà marqué cent vingt buts, et il ne leur reste plus qu'un grand match à disputer.

– Allez ! les encourage Messi en attendant le coup d'envoi.

Plus jeune, il n'aurait jamais osé parler de cette façon à ses camarades, il était trop timide. Mais aujourd'hui, il a vingt-sept ans, et il fait partie des meneurs.

À peine quatre minutes se sont-elles écoulées que Neymar passe à Andrés, qui passe à Ivan Rakitić, qui marque ! Barcelone mène déjà 1-0. Avec leur style de jeu basé sur des passes rapides, tout a l'air si facile. Et Lionel, qui sait à quel point le travail d'équipe est important, n'a même pas eu à s'en mêler.

– Bravo ! lance-t-il à Ivan.

Même le grand Messi ne peut pas tout faire tout seul.

Lionel reste un peu en retrait derrière Neymar et Luis ; il attend de trouver une ouverture dans laquelle s'engouffrer pour faire la démonstration de son talent presque surnaturel. Si on le surnomme « *la Pulga* », la Puce, c'est parce qu'il bondit dans tous les sens : une vraie terreur pour les défenses adverses. Avec son contrôle de balle magistral, la rapidité de son jeu de jambes et sa science du jeu, une seule seconde lui suffit pour faire la différence, surtout s'il se trouve à son emplacement favori : juste à la limite de la surface de réparation, sur le côté droit. De là, il peut s'élancer à toute vitesse, en dribblant du pied gauche. Et si

Lionel adore marquer des buts, il aime aussi en offrir la possibilité à ses coéquipiers. Rien n'est hors de sa portée.

Barcelone joue bien, mais la Juventus réussit à égaliser après la mi-temps. Alors, juste au moment où son équipe a le plus besoin de lui, Messi passe la vitesse supérieure. Il envoie la balle à Neymar, qui la lui rend un instant plus tard, puis la fait glisser vers Luis, qui la lui rend à son tour. Son tir passe à côté, mais la MSN met la pression aux Italiens !

– Si on continue comme ça, on va bien finir par marquer, assure Lionel à ses camarades.

Quelques minutes plus tard, il s'élance une fois de plus en dribblant. L'un des défenseurs cherche à le tacler, mais Lionel est trop doué et trop rapide. Même lorsque le joueur adverse le saisit par le maillot, il se dégage d'un simple mouvement de l'épaule. Il a beau ne pas être un colosse, il s'est beaucoup endurci au cours de sa carrière.

Tandis que Lionel file en direction de la cage, Neymar accélère sur son côté pour lui créer une ouverture. Lionel décide de tenter sa chance aux abords de la surface de réparation. La balle fonce droit sur le gardien, avec tant de puissance que ce dernier ne peut que la repousser.

Heureusement, Luis a suivi, et achève de la propulser au fond du filet. 2-1 !

Luis bondit par-dessus la barrière publicitaire, Lionel et Neymar sur ses talons. Encore un but pour la MSN, et un pas de plus vers la victoire de Barcelone et vers la Ligue des champions !

– Le match n'est pas terminé. On peut encore en marquer un troisième ! lance Neymar, le visage fendu d'un large sourire.

Leur défense favorite a toujours été l'attaque.

Pendant les prolongations, la balle revient sur Lionel après un dégagement. Il lève les yeux et voit son camarade brésilien qui sprinte vers l'avant. Il étend la jambe et effectue une passe parfaite dans la profondeur. Neymar et Luis se retrouvent à deux contre un, face au défenseur central de la Juventus. Neymar passe à Luis et, tandis que le défenseur tente d'intercepter la balle, Luis la renvoie à Neymar. Son tir fend l'air et atterrit en plein dans l'angle inférieur. 3-1 ! Barcelone est le nouveau champion d'Europe !

Au coup de sifflet final, Lionel se jette dans les bras d'Andrés et de Xavi. Ensemble, ils viennent une fois de plus de se hisser sur la plus haute marche du football européen. Il éprouve une infinie gratitude à l'égard de ses coéquipiers, qui lui font toujours des passes habiles, peu importe où il se trouve sur le terrain.

– Je sais qu'après mes pépins physiques de l'an dernier, certains me voyaient déjà à la retraite, commente Lionel. Je crois qu'on peut dire aujourd'hui qu'ils se trompaient !

Au cours de la saison 2014-2015, les cinquante-huit buts et vingt-cinq passes décisives en cinquante-sept matchs de Lionel ont permis à Barcelone de réaliser le triplé. Il est incroyablement fier de son retour en force.

Tandis que Xavi soulève le trophée à bout de bras, Lionel est au milieu de ses partenaires en liesse. Cette fois, il n'a marqué aucun but en finale, mais il a tout de même joué un rôle crucial dans leur victoire.

Lionel appelle son fils de trois ans, vêtu d'un maillot de Barcelone avec « MESSI 10 » inscrit dans le dos :

– Thiago !

Puis il embrasse sa petite amie, Antonella, et porte Thiago tout autour du terrain, pour qu'ils saluent ensemble les fans. Sa famille est la chose la plus importante au monde pour lui.

– Regarde, c'est ton grand-père et ta grand-mère ! glisse Lionel au garçon en désignant Jorge et Celia au milieu de la foule.

Sans l'amour et le soutien de ses parents, Lionel n'aurait pas eu le courage de quitter l'Argentine pour l'Espagne, de poursuivre son rêve de jouer au football et de passer professionnel. À son arrivée à Barcelone, il n'était qu'un adolescent maigrichon, mais au talent déjà exceptionnel. À l'époque, ses coachs avaient des doutes : avait-il réellement la force et la ténacité nécessaires pour atteindre le sommet ?

Près de dix-neuf ans plus tard, on devine la réponse à cette question en contemplant l'armoire à trophées de Messi : neuf Liga, quatre Ligue des champions, cinq Ballons d'or FIFA et une médaille d'or olympique. Et même s'il a déjà été sacré meilleur joueur du monde, celui qu'on surnomme « la Puce » a encore bien des tours de magie dans son sac.

REMERCIEMENTS

Tout d'abord, je tiens à remercier les éditions John Blake Publishing – et mon éditeur James Hodgkinson en particulier – pour m'avoir donné l'opportunité de travailler sur ces ouvrages et m'avoir soutenu tout au long de leur écriture. Rédiger des histoires à l'intention de la prochaine génération de fans de football a été à la fois un honneur et un plaisir.

Jamais je n'y serais arrivé sans mon frère Tom, à qui je dois tant. Je lui suis incroyablement reconnaissant d'avoir toujours cru en mes capacités d'auteur. J'ai l'impression d'être Robin, qui commence une carrière solo après avoir travaillé en équipe avec Batman. Et quelle équipe ! J'espère lui faire honneur (à Tom, pas à Batman) avec cette nouvelle série de livres.

Je voudrais aussi remercier mes amis, dont la présence m'a aidé à ne pas devenir fou lors des longues heures passées rivé à mon ordinateur : Pang, Will, Mills, Doug, John, Charlie, c'était toujours un plaisir de vous recevoir lorsque vous passiez prendre un café et échanger quelques blagues.

Bien que j'aie déjà remercié mon frère, je pense qu'il est nécessaire de m'adresser aussi au reste de notre famille. Merci à tous, en particulier à Melissa, à Noah et, bien sûr, à papa et à maman. C'est à mes parents que je dois mes plus grandes passions : le football et les livres. Ils seront toujours une inspiration primordiale dans tout ce que j'accomplis.

Et puis, en fin de compte, je n'aurais rien pu faire de tout cela sans les encouragements et la patience d'Iona, pendant ces longs week-ends où je ne faisais que travailler. Je t'exprime tout mon amour.

TABLE DES MATIÈRES

Manchester United

- Premier League : 2006-2007, 2007-2008, 2008-2009
- Coupe d'Angleterre : 2003-2004
- Coupe de la Ligue : 2005-2006, 2008-2009
- Ligue des champions : 2007-2008

Real Madrid

- Liga : 2011-2012
- Coupe du roi : 2010-2011, 2013-2014
- Ligue des champions UEFA : 2013-2014, 2015-2016, 2016-2017, 2017-2018

Portugal

- Ballon d'or de la Coupe du monde des moins de 20 ans de la FIFA : 2005

Récompenses individuelles

- Équipe de l'année UEFA : 2004, 2007, 2008, 2009, 2010, 2011, 2012, 2013, 2014, 2015, 2016, 2017, 2018
- Équipe de l'année de la Premier League PFA : 2005-2006, 2006-2007, 2007-2008, 2008-2009
- Jeune joueur de l'année PFA : 2006-2007
- Joueur de l'année PFA du championnat d'Angleterre de football : 2006-2007, 2007-2008
- Joueur de l'année FWA du championnat d'Angleterre de football : 2006-2007, 2007-2008
- FIFA FIFPro World XI : 2007, 2008, 2009, 2010, 2011, 2012, 2013, 2014, 2015, 2016, 2017, 2018
- Soulier d'or de la Premier League : 2007-2008
- Soulier d'or européen : 2007-2008, 2010-2011, 2013-2014, 2014-2015
- Meilleur buteur de la Ligue des champions UEFA : 2007-2008, 2012-2013, 2013-2014, 2014-2015, 2015-2016, 2016-2017, 2017-2018
- Ballon d'or : 2008, 2013, 2014, 2016, 2017
- Joueur de l'année FIFA : 2008

- Meilleur buteur de la Liga : 2010-2011, 2013-2014, 2014-2015
- Équipe de la saison de la Liga : 2013-2014, 2014-2015, 2015-2016
- Meilleur joueur de la Liga : 2013-2014
- Trophée du meilleur joueur d'Europe UEFA : 2014, 2016, 2017

RONALDO

7

Nom : Cristiano Ronaldo dos Santos Aveiro

Date de naissance : 5 février 1985

Âge : 34 ans

Lieu de naissance : Funchal, Madère

Nationalité : portugaise

Meilleur ami : Nani

Club actuel : Real Madrid

Position : ailier gauche

Taille (cm) :	**185**
Apparitions en club :	**715**
Buts en club :	**522**
Trophées en club :	**18**
Apparitions internationales :	**138**
Buts internationaux :	**71**
Trophées internationaux :	**1**
Ballons d'or :	**5**

★ ★ ★ **Score de superstar : 95** ★ ★ ★

LES PLUS GRANDS MOMENTS

Tu veux revivre les plus grands moments de Ronaldo, revoir ses plus belles actions ? Cherche sur Internet des extraits vidéo de ces matchs : tu vas en prendre plein les yeux !

6 AOÛT 2003 SPORTING LISBONNE 3-1 MANCHESTER UNITED

C'est ce jour-là que Cristiano a prouvé qu'il avait le potentiel pour devenir une star. L'arrière droit John O'Shea n'est pas près d'oublier ce match amical pendant lequel le jeune ailier maigrichon du Sporting l'a ridiculisé avec sa vitesse fulgurante et son adresse incroyable. Cristiano est la star du match et, dès la fin de la rencontre, il est immédiatement recruté par United.

21 MAI 2008
MANCHESTER UNITED 1-1 CHELSEA
6-5 AUX TIRS AU BUT

Cristiano a déjà remporté la Premier League, mais il tient à tout prix à remporter aussi la Ligue des champions. D'une tête magnifique, il donne l'avantage à Manchester dans cette finale contre Chelsea et, bien qu'il manque son penalty, son équipe gagne quand même le match, et le doublé !

16 AVRIL 2009
MANCHESTER UNITED 1-0 PORTO

Parmi tous les buts incroyables marqués par Cristiano, difficile de faire mieux que celui-ci, en demi-finale de la Ligue des champions. À quarante mètres de la cage, le ballon file comme une flèche jusque dans la lucarne. Grâce à cette prouesse technique de Ronaldo, Manchester accède à une nouvelle finale de la Ligue des champions.

24 MAI 2014
REAL MADRID 4-1 ATLÉTICO DE MADRID

Cela fait onze ans que les fans du Real Madrid attendent « la Décima », leur dixième victoire de Ligue des champions. Grâce aux buts de Cristiano, ils ont pu se hisser jusqu'à la finale de 2014, et c'est grâce à son penalty en prolongations qu'ils ont décroché la victoire.

10 JUILLET 2016
PORTUGAL 1-0 FRANCE

Après avoir mené son pays jusqu'à la finale de l'Euro 2016, Cristiano se blesse dès les premières minutes du match contre la France. Même s'il est dévasté de ne pas pouvoir jouer dans cette rencontre au sommet, il continue d'encourager et de coacher ses camarades depuis le banc, jusqu'à la victoire. Et quand retentit le coup de sifflet final, Cristiano est là pour soulever le trophée.

JOUE COMME TON HÉROS

LA CÉLÉBRATION « À LA CRISTIANO RONALDO »

Tu veux un exemple ? Sur YouTube, tape les mots-clés « Ronaldo » et « goal celebration », tu devrais trouver de nombreuses vidéos. Tu vas voir, c'est impressionnant !

1 : Marque un super but !

2 : Cours vers tes fans en souriant, en hochant la tête et en te pointant toi-même du doigt.

3 : En approchant du drapeau de corner, saute en l'air, les bras levés.

4 : Pendant que tu es en l'air, fais volte-face pour tourner le dos aux fans, afin qu'ils puissent bien lire ton nom et ton numéro de maillot.

5 : En atterrissant, garde les jambes écartées et baisse les bras de façon théâtrale, jusqu'à les ramener légèrement derrière toi.

6 : Pousse un cri de victoire à pleins poumons en ouvrant grand la bouche en forme de O.

7 : Garde la pose jusqu'à ce que tous tes coéquipiers viennent de rejoindre pour fêter ce but.

ÉVALUE TES CONNAISSANCES

1. Pourquoi Dolores et Dinis ont-ils choisi le nom Ronaldo pour leur quatrième enfant ?

2. Quel âge avait Cristiano quand il a quitté Madère ? Et où est-il allé ?

3. Qui était le plus grand rival de Cristiano dans l'équipe jeunesse du Sporting ?

4. Quel âge avait Cristiano lors de ses débuts avec l'équipe première du Sporting Lisbonne ? Et quel était le numéro de son maillot ?

5. En recrutant Cristiano, quel joueur sir Alex Ferguson cherchait-il à remplacer dans l'équipe de Manchester United ?

6. Avec lequel de ses coéquipiers de Manchester United Cristiano s'est-il fâché pendant la Coupe du monde de 2006 et pourquoi ?

7. Quel entraîneur de l'équipe première de Manchester United a aidé Cristiano à devenir un buteur encore plus efficace ?

8. Combien le Real Madrid a-t-il payé pour le transfert de Cristiano en 2009 ?

9. Quel numéro de maillot portait Cristiano quand il est arrivé au Real Madrid et pourquoi ?

10. Dans combien de finales de la Ligue des champions Cristiano a-t-il joué ? Et combien de buts a-t-il marqués à ces occasions ?

11. Dans combien de championnats internationaux Cristiano a-t-il concouru pour le Portugal ?

Réponses ci-dessous... Ne triche pas !

1. *Dolores aimait beaucoup l'acteur et président américain Ronald Reagan.* **2.** *Il avait 12 ans quand il est parti pour Lisbonne.* **3.** *Ricardo Quaresma.* **4.** *Il avait 17 ans et portait le maillot numéro 28.*

5. *David Beckham.* **6.** *Avec Wayne Rooney, parce que Cristiano l'a fait renvoyer du terrain pendant le quart de finale entre l'Angleterre et le Portugal.* **7.** *René Meulensteen.* **8.** *94 millions d'euros.* **9.** *Le numéro 9, parce que la légende du club, Raúl, portait déjà le numéro 7.* **10.** *Il a joué dans cinq finales (2008, 2009, 2014, 2016 et 2017) et a marqué quatre buts, plus un penalty dans les tirs au but de 2016.* **11.** *Sept (l'Euro 2004, la Coupe du monde 2006, l'Euro 2008, la Coupe du monde 2010, l'Euro 2012, la Coupe du monde 2014 et l'Euro 2016).*

COLLECTIONNE TOUTES LES SUPERSTARS DU FOOT !

Composition : Nord Compo
Impression : Black Print en février 2021
Éditions Albin Michel
22, rue Huyguens, 75014 Paris
www.albin-michel.fr
ISBN : 978-2-226-43965-9
N° d'édition : 23316/04
Dépôt légal : juillet 2019
Loi n° 49-956 du 16 juillet 1949
sur les publications destinées à la jeunesse.
Imprimé en Espagne